本书受河南省哲学社会科学规划项目"河南省文化消费的提升路□
（2017CJJ084）和河南省高等学校重点科研项目"在线评论信□
费者购买意愿的影响机制研究"（18A630006）的资助

U0615637

经济管理学术文库·管理类

文化消费问题研究

Research on Cultural Consumption in Henan Province

王苗苗／著

经济管理出版社
ECONOMY & MANAGEMENT PUBLISHING HOUSE

图书在版编目（CIP）数据

文化消费问题研究/王苗苗著. —北京：经济管理出版社，2021.6
ISBN 978-7-5096-8077-3

Ⅰ.①文… Ⅱ.①王… Ⅲ.①文化生活—消费—研究—中国 Ⅳ.①G124

中国版本图书馆 CIP 数据核字（2021）第 120291 号

组稿编辑：杨　雪
责任编辑：白　毅
责任印制：黄章平
责任校对：王淑卿

出版发行：经济管理出版社
　　　　　（北京市海淀区北蜂窝 8 号中雅大厦 A 座 11 层　100038）
网　　址：www. E-mp. com. cn
电　　话：(010) 51915602
印　　刷：唐山昊达印刷有限公司
经　　销：新华书店
开　　本：710mm×1000mm /16
印　　张：10. 5
字　　数：204 千字
版　　次：2021 年 7 月第 1 版　　2021 年 7 月第 1 次印刷
书　　号：ISBN 978-7-5096-8077-3
定　　价：69. 00 元

前　言

随着我国扶贫攻坚战取得全面胜利，第三次消费结构升级全面展开，教育、娱乐、文化、旅游等方面的消费增长加快，文化消费成为节假日和休闲消费中居民的热门消费项目。要解决当前中国社会人民日益增长的美好生活需要和不平衡不充分的发展之间的矛盾，文化消费不容忽视。要实现人民生活水平的提高、主观幸福感的加强，不仅要提高消费总量，还要重点关注消费质量。

本书聚焦于当前热门的"文化消费"现象，以河南省本土数据为例，使用实证研究和定性研究相结合的方法，得到了以下结论：

第一，实际社会群体对于教育培训开支、旅游开支、人情支出和文化娱乐服务支出都具有显著正向影响关系，对于文化娱乐产品消费具有负向影响；社会群体感知对于文化娱乐产品支出、教育培训开支、旅游开支、人情支出和文化娱乐服务支出都具有显著正向影响关系，其中对于旅游开支的影响作用系数最大，对于教育培训支出的影响作用系数最小；心理账户在客观社会群体和主观社会群体与个体消费意愿的作用关系中起到了部分中介作用。个体在消费决策的过程中更倾向于依赖主观社会群体即自我的群体感知。

第二，河南省城镇居民和农村居民人均教育文化娱乐消费支出偏低，城镇居民和农村居民的文化消费水平差异较大。各省辖市和省直管县之间地区差异明显。文化消费地区差异的主要原因有：经济发展和人民收入水平存在地区差异；自然景观和历史人文景观资源存在差异；消费者文化素养、教育程度存在差异；政府对文化基础设施建设的投入存在差异等。

第三，信息质量对感知有用性和文化产品购买意愿没有直接影响；好友亲密度显著正向影响购买意愿；呈现方式、情感倾向、好友亲密度正向影响感知有用性，品牌知名度负向影响感知有用性；感知有用性在好友亲密度与购买意愿中起部分中介作用，在呈现方式、情感倾向、品牌知名度与购买意愿中起完全中介作用。量化自我信息呈现、线上积极反馈、顾客感知价值和消费者文化产品购买意愿之间均存在显著的正相关关系；量化自我信息呈现对消费者购买意愿的直接影响作用不显著，但是能够通过线上积极反馈的单独中介作用、顾客感知价值的单独中介作用和"线上积极反馈-顾客感知价值"的链式中介作用预测消费者购买意愿。

本书的研究成果有着重要的理论意义和实践价值。本书对文化消费意愿、消费区域差异、自我呈现、社会群体、量化自我、心理账户、社交网络分享等理论的研究丰富了文化消费的研究视角，将营销学、经济学、心理学、社会学等多学科视角结合起来，尝试将心理学、信息学理论引入市场营销领域，解决市场营销问题，具有一定的学术意义。本书构建了社会群体变量（客观社会群体和主观社会群体）对个体文化消费意愿影响机制的直接模型和间接模型，构建了量化自我信息呈现对文化产品购买意愿影响机制的双结构模型共四个模型，揭示了相关变量之间的影响机理、影响程度等，验证了链式中介效应。这些都是本书的创新之处。

作为应用基础研究，本书的研究成果有着重要的社会实践价值。本项目聚焦的是当前热门的"文化消费""社交媒体""自我呈现""量化自我"等研究问题。部分问题作为新生事物，企业还缺乏足够的理论支撑和实践建议对其进行应对，急需相关的学术成果来指导实践。本书的研究成果为企业回答了这些问题：如何根据消费者的文化消费需求结构开发市场需要的文化产品和服务？如何给文化产品和服务定价？对文化产品如何进行整合营销传播设计？文化企业如何引导和管理消费者的社交媒体信息分享行为？如何针对不同的地区制定不同的市场营销战略策略？本书的研究结论能够为政府制定文化消费、文化产业政策和文化企业设计营销策略提供参考依据。政府可以采取加强文化产业的管理体制机制改革，广泛吸纳社会资本、增加教育资源投入，加强市场竞争等措施完善良好的消费环境，优化居民消费结构，刺激文化消费。企业应当积极进行产品服务创新，打造品牌资产，降低文化产品和服务价格，引导和管理消费者进行文化消费信息的社交网络分享，实现文化市场的繁荣。

目　录

1 绪 论

从"到紫禁城过大年"空前火爆，到元宵节故宫"上元之夜"一票难求，近几年红到发紫的故宫的几个大展充分显示出今天的游客对文化消费产品的热情。随着我国社会经济的发展，人们生活水平的提高，近年来我国大众文化消费迅速增加。2019 年我国人均消费中用于教育文化及娱乐的开支已达到 2513.1 元，占全国居民人均消费支出的 11.65%，占全国居民人均可支配收入的 8.18%。然而，我国的文化消费现状存在着诸多问题，如城乡差距较大、各地区发展不均衡、享乐型消费和成长型消费结构不合理、文化消费场所利用不够充分等。本书将探索形成这些文化消费问题的深层次原因，寻求解决途径，并尝试剖析社会群体与文化消费之间的影响机制、量化文化消费、文化消费群体研究等热点问题。

1.1 研究背景

目前，我国文化消费总量以及人均支出量与美国、英国、日本和俄罗斯等国相比差距较大，但是文化消费增速很快。主要存在着以下几点未被解决的问题：

（1）消费升级没有明显突破，文化产业发展不足。2013~2018 年，文化消费支出在居民人均消费支出中的比例稳定在 11% 上下，并没有明显的上升。这说明人均新增可支配收入中用于文化消费的意愿不强烈。2016~2018 年，文化消费支出的环比增长速度持续下降，甚至在 2017 年和 2018 年低于人均可支配收入的环比增长速度。消费升级没有实质性的突破。2018 年全国文化及相关产业增值 41171 亿元，占 GDP 的 4.48%，离中央关于推动文化产业成为国民经济支持性产业的定位还有较大差距。而同期美国、英国、日本文化产业增加值占 GDP 的比重分别为 20%、8.2%、17%。

（2）文化消费的结构不平衡，文化消费质量偏低。2018 年教育产业增加值占 GDP 的比重为 3.90%，而同期文化娱乐产业增加值只占 GDP 构成的 0.79%，结构严重失衡，文化娱乐成为了高收入人群才能享受到的"奢侈品"。而在美国、英国、日本和俄罗斯等国，文化消费产品和服务一直占据主导地位。除此之外，发展型和智力型的文化消费比重偏低（宋则、李伟，2000；方东华，2009），出现大众消费文化的低俗化的现象（张沁，2004）。公共文化设施和文化场馆大量闲置，文化演出、民间文艺等无人问津，大型书城、大型剧院等经营艰难（吴铜虎，2011），高层次的精神消费内容鲜有问津（张沁，2004）。盲目的文化消费现象也比较普遍，缺乏精准的文化消费（李东进等，2018），以致文化消费的积极外部效应难以显现。

（3）城乡消费发展不平衡，农村消费发展不充分。我国城镇居民和农村居民的文化消费的差距呈缩小趋势，但是到2018年，城镇居民文化消费支出是农村居民的近2.02倍。城镇居民在享受型、发展型消费方面的支出占比更大，而农村居民在生存型消费方面的支出占比更大。且农村居民文化消费低俗化的特征更为明显。影响其居民幸福感和居民素质的提升。

（4）各地市发展不平衡，部分地市文化消费发展不充分。以河南省的数据为例，2018年济源市城镇居民平均家庭文化消费支出为3692元，同期信阳市的城镇居民平均家庭文化消费支出只有1443元，前者是后者的近2.56倍。2018年，济源市城镇居民家庭平均可支配收入为33307元，信阳市为28276元，前者是后者的近1.17倍。可见，收入差距并不能完全解释文化消费支出的差距。政府的消费政策、文化产业的发展、文化设施状况都会影响居民文化消费的水平。

1.2　国内外研究述评

大众文化消费是大众为了满足精神需求而采取各种方式消费文化产品和服务的行为，它是一个极富体验的消费过程（Bourgeon-Renault et al.，2006），不仅仅发生在消费者与文化企业交易达成的那一刻，更产生于消费者随后与文化产品和服务的长时间接触中。大众文化消费行为的研究可以分为以下几个部分：

（1）国内文化消费现状研究。①文化消费总量与发达国家的比较研究。我国文化消费总量和占比都偏低，且教育在文化消费总量中占比过大（王亚南，2010；李明，2017；毛中根，2018）。②文化消费结构的研究。文化消费的层次、空间差异明显。低层次文化消费占比较大，高层次精神消费较少。城镇与农村居民有明显差异，农村居民文化消费更加单调匮乏。但近年来，文化娱乐消费增长迅速，教育所占比例逐年下降（严小平，2013；韩海燕，2012；汪建根，2013）。③提升文化消费的政策建议：提高居民收入、教育水平和文化修养（吕寒和姜照君，2013；左鹏，2010）；改善消费环境，增加产品供给（李瑢，2009；王启云，2008）。

（2）文化消费影响因素研究。①政府政策因素。政府可以采用企业资金补贴和消费者代金券等直接财政资金补贴方式或者企业减税和降低文化产品与服务增值税等间接补贴的税务政策方式，来提升文化消费支出（Borowiecki & Navarrete，2017）。②文化供给因素。包括产品和服务的提供者、内容设计、品质与形象等（Whang et al.，2015）。③社会文化环境因素。如戏剧化环境（Bourgeon-Renault et al.，2006）、目的地形象感知、民族性（Whang et al.，2015）、联邦结构、特有的反独裁流和代际影响（Turner & Edmunds et al.，2016）。④消费者个体因素。首先是人口特征因素，主要包括性别、年龄、受教育程度、社会群体（Brook，2016；Katz-Gerro，2006；Lazzaro & Frateschi，2017）。其次是消费行为偏好（Faria & Machado，2015；Miquel-Romero & Montoro-Pons，2017）。最后是心理感知因素，包括动机（Lee et al.，2014）、兴趣（Fernández-Blanco et al.，2017）、人格特征（Kraaykamp & Eijck，2005）、文化艺术热情和消费障碍感知（Kottasz，2015）等。

（3）文化消费传导机制研究。①文化资本、社会资本与人力资本以及三者之间的关系研究（Bourdieu，1986；Passerb，1979）。文化资本可以促进社会资本的积累，而社会资本可以转换为经济资本（Putnam，2001；Glaseser et al.，2002）。社会资本影响人力资本的形成（Lin et al.，1981；Stanton-Salazar et al.，2001；Saha，2003）。同样地，文化资本也影响人力资本的积累（Blessi，2012；Saha，2015）。②家庭背景、社会环境与社会网络。家庭背景、社会和文化环境影响消费者需求的结构和层次（Ateca-Amestoy，2008；Wan et al.，2011；Mencarelli，2008；Buhlann，2013），同时，个人的文化消费习惯通过其社会关系、社会网络向外扩散，也影响其文化资本存量和社会文化氛围（Spitz & Horvat，2014；Kraaykamp，2015）。

1.3 研究局限与机会

（1）已有研究主题多集中在对文化消费数量的探讨方面，而忽视了在更深层次上对文化消费"升级"内涵的探讨。消费升级理论是文化消费理论的重要组成部分，现有的文献多对文化消费水平的增长、数量的扩张进行分析，较少有文献对文化消费升级这一概念的内涵做深入剖析和论证，更缺少对文化消费结构、质量以及消费者满意度的研究。加强对文化消费质量的研究，将有助于提升文化消费质量，从而直接影响消费者满意度、人力资本增值，继而间接影响资源配置效率、产业结构、创新驱动动力等宏观经济指标。

（2）虽然对文化消费意愿有片段化的研究，但鲜有深入剖析大众文化消费行为的内在机制的系统性研究。文化消费行为是个体、群体和环境三者共同作用的结果。从研究层次上来看，当前大多数学者倾向于仅从个人角度进行分析，也较少跳出消费的界限。没能将文化消费与其他社会事实、社会过程和社会关系相联系进行系统挖掘。至于外部影响因素如何通过消费者心理活动从而对文化消费行为产生影响，还缺乏充分的研究。群体因素如社会比较、社会认同、群体一致性意识等重要因素也鲜有涉及。

（3）已有文献对文化消费的不平衡现象及其成因研究不足。文化消费中的城乡发展不平衡、区域发展不平衡问题是制约文化消费质量提升、结构优化的关键问题。针对不同的文化消费产品类型，不同的地区之间也有着显著的差别。现有研究缺乏对各区域之间文化消费的比较研究，也缺乏对不平衡现象背后的成因的剖析。这使得政策制定缺乏足够的理论基础和证据支撑，难以促进各区域文化消费的全面均衡发展。从区域差异的视角分析不同区域文化消费的影响因素及未来发展趋势迫在眉睫。以河南省的数据为例，文化消费地区发展不平衡，各地市间差异显著，且文化消费的差异与各地市居民人均可支配收入的差异并不完全正相关。文化消费的影响因素众多，哪些能够真正揭示河南省各地市间居民文化消费的差异？针对这些因素能够得出怎样的政策建议和营销策略？

（4）对大众文化消费效能研究过于片面。现有文献中对于文化消费效能的研究几乎都聚焦在文化消费对宏观层面上经济增长或者中观层面上产业发展的影响上，而关于其对消费者个人及社会发展的影响效能还存在大量的研究空白。文化消费的积极外部效应还包括提高国民素质、强化核心价值观认同、促进社会和谐、升华人类情感、增进人类自由和幸福感等。仅仅使用经济指标来衡量消费效能，不够全面和深入。此外，也缺乏对于文化消费负面效应的研究。对文化消费进行利弊分析对比，有助于我们尽量发挥文化消费的积极效能，规避其可能带来的负面效应。

（5）尚未将文化消费的各阶段结果进行量化研究。量化自我影响着消费者在消费活动中的投入程度、参与绩效、参与体验等（Wilson et al.，2012；Choe & Fesenmaier，2017）。在医疗、保健、工作之外的文化消费领域，量化自我正影响和改变着消费者原有的消费方式。对于消费者会出于何种动机参与量化文化消费，这一消费阶段过程如何，抑或是消费者量化文化消费参与意愿、参与结果等都是值得深入探讨的问题。

1.4　研究意义

（1）对文化消费质量的重点研究有利于文化消费在数量、质量、结构三方面同时得到提升。文化消费是高质量消费形式之一，有利于缓解当前环境和资源约束的双重压力。2017 年 12 月中央经济工作会议指出，现阶段我国经济发展的基本特征就是由高速度增长转向高质量发展阶段。对居民文化消费结构和差异等宏观层次的研究，将有助于为培育文化消费热点指明方向，对提高国民素质、节约资源、保护环境、促进消费升级、促进产业结构优化、促进社会和谐发展、促进人类自由发展都有重要意义。

（2）深入分析社会群体变量对居民文化消费的影响机制，将心理账户等心理变量引入到文化消费中来，深刻剖析收入、学历、文化资本等客观指标和主观群体感知、心理账户灵活性、双通道心理账户等主观指标是如何同时作用于居民的文化消费意愿的，丰富了文化消费驱动因素的理论研究。将微观、中观、宏观因素相结合，丰富了文化消费理论的研究视角；突破了当前文化消费研究中重视经济变量、客观变量的一贯做法，推动了文化消费行为研究的完整性和深入性。

（3）关注大众文化消费行为对社会效能的影响，在一定程度上填补了现有研究的空白。本书从经济指标、社会指标、居民心理指标几个角度来评价文化消费效能，论述了文化消费对社会主义文化建设、GDP 增长、产业转型与升级、居民消费、人力资本、居民主观幸福感等变量产生的影响，补充了现有文献对效能研究的严重不足。

（4）将量化消费理论引入文化消费领域，有利于精准文化消费，提升文化消费质量。同时，从社交网络视角剖析了消费者将自身文化消费的量化信息进行分享后对接收者和发送者两方面产生的影响。揭示了积极反馈和顾客感知价值在量化信息网络分享中的链式中介作用，为企业出台刺激文化消费的策略提出建议，也为消费者坚持量化自我和社群分享提出了有针对性的措施。

（5）对文化消费的不平衡现象及其成因的研究能够为各地区提供有针对性的政策建议。本书将对河南省各地市之间文化消费进行比较研究，分析其差异并剖析背后的成因。各地市文化资源、文化传统、居民习惯不同，对文化消费差异的研究有利于各地市政府针对本市制定出更有效率的决策。

1.5　研究内容

本书研究的主要内容有以下几点：

（1）文化消费动机与意愿研究。本书试图将客观因素社会群体与个体心理因素心理账户、顾客感知价值、主观群体认知等引入研究模型，构建基于微观视角的文化消费影响机制模型，把握影响消费者购买行为的主客观层次因素特点，分析其相互作用和影响机理。大众文化消费行为的影响因素可以归因于三个方面：外部刺激因素，包括外部供给环境影响、供给服务质量感知、主观规范和公共媒体的影响；消费者心理特征，包括价值感知、自我效能、社会支持；群体因素，包括社会认同、社会比较。消费环境因素通过产品特征、质量特征、环境特征作用于消费者心理特征从而影响购买意愿。

（2）大众文化量化消费研究。这部分主要研究量化自我如何提升文化消费决策能力的机制，进一步明确消费者通过量化自我来更为精准地进行文化消费，从而提升文化消费质量。量化自我，即消费者追踪测量自身活动参与或行为状态等相关数据，据此形成自我知识、反思和干预自我行为（Ruckenstein & Pantzar，2017）。在量化消费方式下，消费者基于对自我活动参与或是行为状态量化数据的分析识别其个性化和精准化需求，基于追踪观测的产品量化数据判断产品效能，基于活动参与量化数据分析行为绩效，以此干预和优化其消费决策（李东进、张宇东，2018）。作为消费领域重要分支的文化消费，也越发为量化自我数据所嵌入、规范和塑造。量化自我逐渐成为吸引消费者参与文化消费活动的关键，从学习教育、影音娱乐到旅游观光，越来越多的消费者依据自我量化数据进行文化消费决策。消费者会出于何种动机将量化文化消费信息进行分享，这一分享阶段过程、分享结果如何影响发送者和接收者的文化消费意愿等是本书重点剖析的问题。

（3）大众文化消费效能研究。本书将对大众文化消费的效能内容和提升思路进行分析。大众文化消费效能分为经济效能和社会效能。经济效能包括拉动经济增长、调整经济结构、促进产业升级、提高资源配置效率、转变经济发展方式等；社会效能包括大众层面的如促进居民生活方式和消费模式转变、提高国民素质、满足居民精神心理文化需要、提升大众主观幸福感等，国家层面的如缓解资源环境约束、激发国民文化生产力、提升国家文化影响力、树立传播社会主义核心价值观等。如何提升大众文化消费的经济效能和社会效能、如何规避文化消费可能带来的负面效应都是本书将要探讨的问题。

（4）大众文化消费地区差异研究。本书将以河南省的数据为例对文化消费进行地区差异分析。河南省包括18个省辖市，各地市居民文化消费总量、消费结构并不平衡，具有较大的差异，有必要进行细化研究。本书将对地区之间居民的文化消费数量、人均文化消费占总消费的比例、总收入和人均GDP的比例、文化消费结构、文化消费质量、文化消费动力机制进行比较分析。比较分析包括两个方面：历史消费的数据比较、城乡消费的数据比较。本书试图通过对历史数据的分析发现近年来地区间、城乡间文化消费变动的趋势并剖析趋势背后的原因。以消费差异为指标将全省文化市场进行细分，针对不同市场制定不同的文化消费提升措施。

（5）文化消费群体研究。文化消费作为一种高层次的精神消费，与消费者本身的文化资本、兴趣爱好等有着重要的相关关系，因而呈现"群体化"的特征。与物质产品食品、服装等不同，部分文化消费如电影、网络小说、音乐会等呈现出一种群体特征。消费者之间的购前、购中、购后互动会吸引潜在消费者，并为产品创造者提供后续创意。大学生作为高学历年轻人的代表，具有较好的文化鉴赏基础，并蕴含巨大的未来消费潜力，其消费动机、购买过程、消费体验对所有文化消费群体都具有一定的启示作用。本书将选择"大学生"这一特殊群体进行细化研究，为企业开拓市场、培育文化消费忠诚顾客提供建议。

（6）大众文化产品供给侧政策研究。根据大众文化消费机制研究结果以及大众文化消费应用研究的结果，对于不同区域、不同的文化消费类别，依据大众真正的结构化需要，根据文化消费机制研究结果以及大众文化消费应用研究的结果，结合地区比较的分析结论，借鉴发达国家及我国发达地区的经验，吸取教训，提出供给侧和公共政策建议。

1.6 基本思路

基本思路有五大步骤：第一，大众文化消费影响机制模型的设计。使用文献法、访谈法完成客观因素、心理因素各要素的提炼及水平的界定，使用实证研究方法测试其作用机理及作用路径。第二，进行文化消费地区差异分析，从地区差异、消费结构、成因、趋势预测等方面详细对文化消费进行描述性统计、数据比较、未来预测。第三，进行大众文化消费的效能分析，分析大众文化消费的效能结果和可能存在的弊端，给出提升效能、规避弊端的有效建议。第四，量化文化消费研究。从发送者和接收者双重视角分析量化文化消费信息的网络分享效应，探讨其作用机制和作用机理，剖析其中的直接作用和中介变量。第五，根据以上结果，提出大众文化消费供给侧建议及公共政策建议。

1.7 主要观点及创新之处

（1）将社会学变量客观群体、心理变量主观群体感知、心理账户灵活性、双通道心理账户等因素引入文化消费意愿的影响机制体系中，尝试从微观视角对文化消费进行系统性研究，丰富了文化消费驱动因素的理论研究。并且，将心理学理论纳入到文化消费理论体系中，打破了以往仅仅以经济学理论或社会学理论解决文化消费问题的局限性，尝试从心理学、经济学、社会学等多学科融合的视角剖析文化消费问题，丰富了文化消费理论的研究视角。

（2）尝试将量化自我理论引入文化消费领域。本课题将从发送者和接收者双重视角进行量化自我文化消费信息的社群分享机制研究，进一步明确消费者通过量化自我信息的网络分享如何影响潜在消费者的顾客感知价值和购买意愿。量化消费方式下，消费者基于对自我活动参与或是行为状态量化数据的分析识别其个性化和精准化需求，基于追踪观测的产品量化数据判断产品效能，基于活动参与量化数据分析行为绩效，以此干预和优化其消费决策，从而起到优化文化消费结构、提升文化消费质量的效果。

（3）扩充文化消费效能研究范畴，完善效能研究结论。以往的文献大多单一地集中在经济指标的测量研究上，忽视了在更深更全面的层次上对"效能"内涵的探讨。本书从经济和社会两个方面进行效能分析，补充了社会效能研究的空白。此外，本书还将对文化消费可能产生的弊端进行剖析。对文化消费效能的研究，将充分发挥文化消费对经济、社会、个人的积极作用，规避其消极效应，形成闭合的良性循环链条，推动文化消费数量和质量、结构同步提升，经济发展和个人幸福感同步提升。

1.8　研究方法

（1）文献研究法。在本课题研究中，文化消费影响机制研究、消费效能研究、消费结构研究、消费差异研究、利与弊研究等内容都将不同程度地使用文献研究法。通过文献研究法，一方面了解和掌握国内文化消费结构、消费差异的发展历程与研究动态，剖析成因，发现规律，预测与判断未来发展趋势；另一方面学习与借鉴国外文化消费领域的先进理念与有效方法，吸收与创新适合中国情境的新理念与新方法。

（2）调查与访谈法。本书在对大众文化消费影响机制研究模型的验证、大众文化消费量化研究、大众文化消费差异研究、文化消费群体研究等方面的研究中主要运用市场调研的方法。访谈法主要用于对专业人士和消费者的访谈，用于提炼影响因素、挖掘背后成因、进行结构分析、实现效能研究等。

（3）描述性研究法。对于实证数据的分析，本书将首先采用描述性研究法，使用表格、柱状图、折线图、饼图等对消费数据进行总体宏观的描述，并对大众文化消费现象、规律和理论进行知识性的叙述和初步解释。描述性研究法有利于提出问题、阐述利与弊，形成中肯的观点和结论。

（4）比较研究法。对不同区域文化消费现状进行横向比较，对不同群体文化消费偏好进行比较分析，对不同产品类型消费数据、消费意愿影响机制进行挖掘分析。从而总结探索现象背后的规律成因，制定有针对性的对策建议。

（5）实验法。本书引入了个体和群体心理变量，来探索文化消费的影响机制。心理学的研究对象是人类的心理现象、精神功能和行为，具有内隐性和不可观测性，只能够依靠"输入（刺激）"和"输出（反应）"推测内部过程。本书将通过巧妙且可靠的实验设计，测定个体心理因素与群体因素对文化消费意愿的影响机理、作用路径和作用系数。

2　社会群体与文化消费

2.1　文化消费理论与文献综述

2.1.1　文化消费

文化消费，从广义上可以理解为个体因满足文化生活的需要而进行的消费（王亚南，2009；赵伟，2006）。从狭义上来理解，文化消费主要是人们对精神文化类产品及劳务的占有、欣赏、享受和使用等（徐淳厚，1997）。文化消费可以分为文化产品消费和文化服务消费两种形态。文化产品消费既包括对文化产品的直接消费，比如对音像制品、电子游戏软件、书籍、杂志的消费，也包括为了消费文化产品而对各种物质产品的消费以及相关文化设施使用，比如电视机、照相机、影碟机、计算机、图书馆、展览馆、影剧院等；文化服务主要有音乐演奏、电影电视节目、文艺晚会、歌舞剧等形式（房宏婷，2011）。本书把文化消费支出分类为文化娱乐用品支出、文化娱乐服务支出、教育消费支出、人情支出、旅游支出五部分。

国外对文化消费的研究可以追溯至 20 世纪五六十年代，美国未来学家 Toffler 认为，人类在经历了农业社会和工业社会之后将会迎来一个全新的后工业经济社会，也就是第三次浪潮的来临，人类会进入一个物质极其丰富、精神层次发展更高的社会。这就是国外对文化消费研究的雏形。早在 1979 年，Adorno 和 Merck 就使用了"文化工业"这个概念。Adorno 认为，文化消费是一个完全被动的消费过程，文化消费的后果早已由生产所决定。牛津大学社会学教授使用多变量模型分析影响各消费类型的各种因素，指出收入水平对文化消费有较大影响，更多学者认为收入、年龄、性别、教育水平对文化产品的消费具有重要影响。

我国对文化消费研究的起步略晚一点，始于 20 世纪 80 年代中后期。"文化消费"一词首次提出是在 1985 年召开的全国消费经济研究会上。直到 1987 年前后，文化消费才正式成为消费经济学研究领域中的一个重要课题。国内文化消费研究着重对文化消费的现状、特点、影响因素等进行分析。

有学者认为,在既定经济条件下,文化消费总量的多少主要取决于消费者的素质、文化生产的状况、宏观消费环境、收入水平、受教育程度和投资水平。杨延华(2005)认为文化消费的主体必须具备基本的认知能力和一定的科学文化知识及鉴赏力,文化消费的客体即文化消费品兼有无形性、共享性、耐用性、扩散性等特点。王亚南等(2010)依据《中国统计年鉴》的数据分析表明,影响中国城乡居民文化消费最显著的因素并不是人均产值或民众收入,而是民众积蓄水平的升降。东部、西部和全国人均积蓄增长曲线与人均文化消费增长曲线上下呼应,形成一种极为显著的“镜面对应”或“水中倒影”相关关系。而储蓄和消费的比例关系分配是心理账户的作用结果。简单地以收入水平来预测文化消费总量并不科学和有效,引入心理账户路径作为中介作用能够解释为什么收入水平增长而文化消费却没有预期相关的增长。

　　王克西认为文化消费是知识增长、创新和升华的过程,消费主体使用自有知识与通过消费文化获取得来的知识进行有机结合,也就产生了知识创新。随着社会文化背景以及文化消费范围的日益扩大,文化消费的内容与形式也日趋丰富多样化,消费活动由简单的娱乐消遣型逐渐转向高层次的精神享受型,这些都对消费者的素质提出了一定的要求。

　　李惠芬指出在消费能力和消费意愿既定的情况下,文化消费的发展主要取决于供给。冯义涛、邹晓东对上海地区居民文化消费的发展历程进行分析,认为投资对文化消费很重要,必须对文化进行投资,以促进文化消费的供给。梁君认为随着科技的不断进步,文化消费形式和内容日新月异,价格不断降低,不断普及。人们在消费这些文化产品的同时,也产生了对相关文化产品更大的需求。

　　现有研究的局限性主要有以下几点:

　　第一,现有研究大都限于经济学领域,缺乏多学科的角度分析,只有少数研究从社会学角度对文化消费的内涵、理论及文化消费的社会功能等进行分析,而从心理学角度探讨居民文化消费影响机制的研究就更为鲜见。第二,现有研究集中于宏观层面,对影响居民文化消费的微观因素重视不够。第三,少数文献提出了心理因素如参照群体、消费预期等对文化消费具有影响作用,但对影响机制的分析不够系统。第四,现有文献对文化消费的研究多采用定性理论分析,缺乏必要的定量实证研究。经验分析结果无法对居民的文化消费行为形成较强的解释力,不能上升到理论的高度,对实践的指导意义有限。

　　本章认为,有必要系统地将定量实证研究方法应用于文化消费的心理成因和社会成因研究领域,采用文献发掘、定性访谈实证分析和定量实证分析相结合的研究技术,剖析不同收入、受教育程度、职业、年龄、家庭等的社会群体与居民心理账户的数量变动关系以及心理账户和最终文化消费各指标的影响关系。从而发现影响我国居民文化消费的内在心理机制与作用方式，并以此为基础，给出提升我国文化消费总量的心理对策和社会学建议。

2.1.2　社会群体

（1）社会群体的定义及特点。社会群体（Social Group）是指建立在法律或规则基础上的、已经制度化的，比较持久的社会不平等的体系（李培林，2004）。由于社会地位的差别，具有相同或类似社会地位的成员便会组成相对持久的群体，从而形成有序的层次或群体（刘伟，2004）。不同群体的消费者往往具有不同的兴趣、价值观及生活方式（Arun K. Jain，1975），从而使同一群体的消费具有共同性或相似性，这就是群体认同的基础（王建平，2005）。

社会群体具有以下三个特点：第一，同质性。即同一群体的社会成员具有相近的经济利益、社会地位、价值观念、态度体系，从而有着相同或相近的消费需求和消费行为。第二，多维性。某一社会群体并不是由单一的参数变量决定的，而是由职业收入财产、受教育程度、价值观和生活方式等多种因素综合决定的。第三，动态性。即随着时间的推移，人们所处的社会群体会发生变化。在其生命历程中，人们可能由低学历群体升为高学历群体，也可能由高收入群体降至低收入群体（刘伟，2004）。

（2）社会群体的测量指标。Lloyd Warner（1941）将美国社会主要的消费群体分为上上、上中、上下、下上、下中、下下六个等级。识别某个人属于哪个群体主要是依据学历和职业（包括将收入高低作为衡量工作成功与否的标准）、社会技能、社区参与、家庭历史、文化水平、娱乐习惯、身体外貌以及社交圈（Gilbert & Kahl，1982）。

总体来说，国内外学者对社会群体的测量主要包括家庭收入、父母的受教育程度以及职业这几大类因素（Easwar S. Iyer & Rajiv K. Kashyap，2007）。其中，收入和职业是十分关键的变量（Pierre Martineau，1958），因此，这两类变量在多数社会群体测量量表中均有出现。

（3）目前社会群体测量指标中存在的问题。第一，社会群体的划分尚存在争议。评估某个人属于哪个社会群体是困难的，究竟分成多少个社会群体，学者们从来没有一致的答案，这往往跟研究的范围、目的和研究的时间周期、深入的程度有关；有许多不同的方法将个人分配到不同的社会群体中，由于不同的社会群体反映出价值观、信仰、态度和动机的差异，学者会有倾向来选择那些能够代表群体之间差异性的变量。每个研究选择的变量都不相同，这使得对比分析非常困难，变量的相对重要性也很难评估，有的学者可能不使用定量测量，相关的变量也可能随着时间的推移而改变（H. J. Gayler，1980）。

第二，消费群体的测量指标还包括心理变量。Warner 等基于研究者对生活方式类型的解释提出了分类。虽然这个方法提供了有用的信息，但其并不适合所有的地区，而且，将社区转化为相类似的社会群体的方法是主观的，需要进一步的改进。为了避免这些问题，Warner 提出了加权相关社会群体指数——社会群体特点指数（ISC）。然而，这需要调查者对居住地、收入来源等各变量的七级量表的主观评分，而没有提供有关社区成员的社会群体感知的客观评价。近年来，学者开始使用更多的客观相关变量如收入、教育等来描述社会群体，如职业声望，但由于其不能够描述社区成员群体的整体状态，所以还是不能令人满意。Arun K. Jain 提出了一种方法，即从社区成员给予的信息描述中提取能代表社会群体结构的内隐信息（Arun K. Jain，1975）。学者们认识到社会群体的影响以两种方式进行，一种是实际群体差别，另一种是群体感知差别（Eugene Sivadas，George Mathew & David J.，1997）。目前，社会群体的测量有两个经常使用的指数，分别是群体特点指数和社会地位指数（Hollingshead & Redlich，1958）。一个社会既存在社会群体的客观实在，又存在社会群体的主观建构（王春光，2002）。黄宗智提出："结构与主体、表述和客观之间的影响和互动的方式是多重的、混合的。"

总体来说，有关社会群体与消费群体的研究在国外已经非常广泛，学者们使用各种方法来进行实证研究，比较不同收入、职业和学历的社会群体在消费行为上出现的差异。国内的研究目前还主要集中在中国社会群体本身的概念内涵和存在的问题上，缺乏对社会群体与消费关系的实证研究。

2.2　群体文化消费模型的建立及实证分析

还有学者按照年龄段的差异将社会人员划分为少年儿童消费群体、青年消费群体、中老年消费群体，并指出，不同年龄段有不同的生活经历，因而不可避免地具有不同的心理和个人特征，他们的消费心理存在差异，从而导致消费行为选择存在差异（王兵，2021）。更为常见的分类法是按照收入将社会成员分为低收入群体、中等收入群体和高收入群体三类。如高收入群体包括私营企业主、中层管理者、商界名人等。高收入群体收入较高，有丰富的社会资源，不会为基础生存消费担忧，平日生存压力较小，对大众消费没什么特别关注，更倾向于追求精品化、个性化消费，对于高档产品、服务和精神文化方面的需求会比较注重，也会参与一些投资、理财等新形式的消费。中等收入群体包括大部分城市居民和较为富裕的农村居民，一般包括公务员、国企职工、教师、医生、一般企业职员等。他们的边际消费倾向居中，由于不需要担心温饱，又有一定程度的购买力，因此他们的消费结构处于转型阶段。低收入群体包括少部分的城镇居民和大部分的农村居民，他们从事一些收入较低的劳动，有些人甚至失去了劳动能力，只能依靠社会救济生存（汪茹，2021）。

2.2.1　不同社会群体存在文化消费差异

布迪厄（Bourdieu）在文化消费理论中提出了"结构产生惯习，惯习决定实践"的观点。也就是说，不同的社会群体会形成不同的惯习，选择消费多少文化产品或服务及以什么样的方式进行文化消费与个体所处群体的惯习密切相关。

（1）不同社会群体的信息搜寻行为存在差异。消费者所处的社会群体会对其信息搜寻的类型及数量产生重要影响。研究发现，低收入消费者的信息来源通常有限。对误导和欺骗性信息缺乏甄别能力，出于补偿的目的，他们在购买决策过程中会更多地依赖亲朋好友提供的信息；而中等收入消费者更愿意主动地从外部媒介上获得相关信息。随着学历与收入的上升，消费者获取信息的渠道逐渐增多，特定媒体对不同群体消费者的吸引力和影响力也存在较大差异（刘伟，2004）。

（2）不同社会群体的消费者在购物方式上存在差异。首先，不同社会群体的消费者在购物场所的选择上存在显著差异。高收入消费者喜欢到环境优雅、品质和服务上乘的商店购物，因为在这种环境里购物会使他们产生优越感和自信，从而得到心理上的满足；中等收入消费者比较谨慎，对购物环境有较高的要求，但也常常在折扣店进行购物；而低收入消费者在高档购物场所容易产生自卑、不自信和不自在的感觉，因而他们通常选择与自己地位相称的商店购物（刘伟，2004）

其次，不同群体的消费者在购物地点远近的选择上也存在显著差异。研究发现，低收入群体的消费者更喜欢在距离较近的商场进行购物，而中高收入的消费者则倾向于去距离较远的购物场所，且其购物所行驶的路程是低收入人群的两倍多。这一差异存在的原因可能是高收入群体对于服装的需求更多样、更专业，因此他们会到较远的商业中心进行购物；而低收入消费者由于其财力所限，可能没有需求或能力到更远的地方购物（H. J. Gayler，1980）。

（3）不同社会群体对文化产品的选择存在差异。不同社会群体所拥有的社会性资源不同，因此每个群体在进行资源选择和消费时所表现出的消费行为也有所不同。研究发现，高收入的美国人在购买家具、电器、衣服、食物和在休闲时间上与中低收入消费者追求的目标不同：高收入群体在购物选择时更注重产品的质量和品位，而中低收入消费者则倾向于选择那些能体现出自己自尊和地位的产品。中等收入群体的选择显示出数量和现代性，低收入群体则表现出对即时满足的重视。然而，社会群体在对环保类消费的影响方面则显示出了完全相反的作用。研究发现，与中高收入者相比，低收入消费者对于资源回收持有更积极的态度，他们更愿意参加环境友好活动（Easwar S. Iyer & Rajiv K. Kashyap，2007）。

尽管不同社会群体用于休闲的支出占家庭总支出的比重可能相差不大，但各群体所从事的休闲活动类型却存在较大差异。研究发现，由于上层社会成员所从事的工作普遍缺乏体能锻炼，因此，作为补偿，他们会选择游泳、网球等个人性或双人性的休闲运动；而中等收入群体则是商业性休闲场所或如公共泳池、公园、博物馆等公共设施的主要使用者；相比之下，低收入消费者则更倾向于从事团体性体育活动，如钓鱼、踢足球等（刘伟，2004）。

（4）心理变量对不同类别文化产品消费的影响。Eastman 等使用地位消费倾向量表对 113 名大学生进行实证测量的结果显示：相对于高社会地位感知，低社会地位感知会激发个体更强的地位消费倾向。在高社会地位感知水平上，高自尊与低自尊之间的地位消费倾向差异不显著，而在低社会地位感知水平上，相对于低自尊，高自尊地位消费倾向更强烈。因此，一个人在产品选择上的消费倾向，不仅取决于其真实的收入、职业和学历，也受到其社会群体认同和消费群体感知等心理因素的影响。

2.2.2　社会群体与文化消费意愿影响关系假设推导

居民所处的社会群体影响其消费意愿，具体表现在个人的实际社会群体（由其职业、受教育程度、收入、家庭等构成）、社会群体认同和消费群体感知都会影响单个消费者的购买意愿。

低收入消费者的信息来源通常有限，对误导和欺骗性信息缺乏甄别能力，出于补偿的目的，他们在购买决策过程中可能更多地依赖亲朋好友提供的信息。中等收入消费者会比较多地从媒体上获得各种信息，而且会更主动地进行外部信息搜寻。随着收入和职位的上升，消费者获得信息的渠道会日益增多。不仅如此，特定媒体对不同群体消费者的吸引力和影响力也有很大不同（刘伟，2004）。高收入群体的消费者乐于到环境高雅、品质和服务上乘的商店去购物，因为在这种环境里购物会使他们产生优越感和自信，得到一种心理上的满足；中等收入消费者比较谨慎，对购物环境有较高的要求，但也常常在折扣店购物；而低收入消费者在高档购物场所则容易产生自卑、不自信和不自在的感觉，因而他们通常选择与自己地位相称的商店购物。不同的社会群体会选择不同距离的商店进行购物。中高收入群体行驶的距离最远，而低收入群体走的距离最近。高收入群体较少限制商品和休闲娱乐的消费形式。而许多的中低收入群体消费者会把自己的空闲时间用于文化和体育活动（Richard P. Coleman，1983）。社会群体的不同会导致消费者在产品类别的选择上存在差异。芝加哥小组的研究证实在 20 世纪 40 年代高收入群体、中等收入群体和低收入群体在家居、电器、衣服、食品和休闲娱乐方面追求不同的购买目标。特别地，在住宅、服装和家具等能显示地位与身份的产品的购买上，不同群体的消费者差别尤为明显。因此，本书认为，不同的社会群体在消费的总量、消费的时间和消费的档次方面都存在差异。

基于此，本书建立了如下假设：

H1：实际社会群体正向影响居民文化消费意愿；

H1.1：实际社会群体正向影响居民文化消费时间；

H1.2：实际社会群体正向影响居民文化消费总量；

H1.3：实际社会群体正向影响居民文化消费档次。

H2：社会群体感知正向影响居民文化消费意愿；

H2.1：社会群体感知正向影响居民文化消费时间；

H2.2：社会群体感知正向影响居民文化消费总量；

H2.3：社会群体感知正向影响居民文化消费档次。

H3：消费群体感知正向影响居民文化消费意愿；

H3.1：消费群体感知正向影响居民文化消费时间；

H3.2：消费群体感知正向影响居民文化消费总量；

H3.3：消费群体感知正向影响居民文化消费档次。

2.3 社会群体与居民文化消费水平的实证分析

本章通过对河南省居民样本数据进行描述性统计分析，了解被调研地区居民社会群体和文化消费的综合状况，在验证调研样本有效性的基础上为进一步分析社会群体和居民文化消费水平的关系做出整体描述。

2.3.1 调查方法

（1）调研对象。河南省位于我国中部偏东、黄河中下游，全省土地面积16.7 万平方千米（居全国第 17 位，约占全国总面积的 1.74%），2008 年底总人口 9918 万，居全国第一。截至 2014 年，河南辖郑州、开封、洛阳、平顶山、安阳、鹤壁、新乡、焦作、濮阳、许昌、漯河、三门峡、南阳、商丘、信阳、周口、驻马店 17 个省辖市，济源 1 个省直管市，21 个县级市，88 个县，50 个市辖区，1863 个乡镇（乡 852，镇 1011），518 个街道办事处，3866 个居民委员会，47347 个村委会。

河南是中华文明和中华民族最重要的发源地。河南既是传统的农业大省和人口大省，又是新兴的经济大省和工业大省。同时，河南省历史悠久，是我国的文化大省。无论是在人口总量上还是在文化消费结构和类别上都极具代表性。因此，选择河南省作为本书的研究对象无论是从地理区域、经济发展还是从文化消费结构上来说都对今后研究我国其他地区的文化消费状况具有一定的参考价值。

为更详细准确地了解河南省居民文化消费现状，本书挑选了 17 个省辖市、1 个省直管市、21 个县级市作为本次调研的调查对象，采用问卷调研的方式了解被调查者文化消费的结构等基本情况，随机发放调查问卷 850 份，经统计，回收有效问卷 807 份，问卷有效率达 95%。

（2）问卷设计。本书将文化消费意愿分为三个维度，即消费总量选择、消费类型选择和消费档次选择。其中，消费总量选择意愿的强度用家庭平均每月愿意在文化方面花费的总金额大小来衡量。就消费类型选择意愿而言，本书将文化消费类型划分为 5 类，即文化娱乐服务消费、教育培训、旅游、文化娱乐产品消费（手机、电脑、相机等）、人情支出。对于特定消费类型选择意愿的强度，本书也用个体平均每月愿意花费的实际金额来衡量，即如果个体为购买某项产品或服务而愿意支出的费用越高，就说明其对这类产品的消费意愿越强。消费档次意愿则是指个体考虑购买高、中、低档产品/服务意愿的强烈程度，用李克特 7 级量表来衡量。另外，由于借贷消费的方式在中国居民消费中扮演着越来越重要的角色，本书也会重点关注借贷消费与文化消费之间的关系。借贷消费意愿也都用李克特 7 级量表来衡量。

（3）调查方法。本书于 2019 年 7 月至 8 月利用暑假组织学生进行了居民文化消费意愿状况的调查，调查对象包括河南省 17 个省辖市、1 个省直管市、21 个县级市范围内 18 岁以上的个体。考虑到资金预算和样本代表性，我们采用比例配额抽样和问卷调查法来收集数据，按照年龄、学历、收入水平比例对文化消费可能有影响的控制变量特征进行分类，配额比例分配参照国家统计局 2016 年人口普查相关数据资料。为保障问卷的有效性和数据质量，对调查人员采取现金激励措施。采用 Qualtrics 在线调查软件和纸质问卷两种调查方式，调查覆盖了河南省 17 个省辖市、1 个省直管市、21 个县级市，共收回有效问卷 807 份，内容涉及文化娱乐服务消费、教育培训、旅游、文化娱乐产品消费（手机、电脑、相机等)、人情支出等方面。

2.3.2 调研现状分析

在对已有文献进行研究的基础上,按照问卷的设计内容对居民受教育水平和居民收入相关的众多变量进行描述性统计分析,为进一步的实证分析做基础。以下统计数据信息均来自本次调研分析结果。

样本的基本情况。在回收的807份有效问卷中,样本的性别构成:女性样本350个,占43.4%;男性样本457个,占56.6%,男女比例相对平均,符合调查方案设计的要求。从调查对象的年龄构成来看,主要集中在26~51周岁。因此,从这类样本居民中调研具有一定的可行性和准确性。由表2-1可看出被调查样本的年龄结构基本合理。

表2-1 样本居民年龄分布

年龄(岁)	人数(人)	占比(%)
18~25	127	15.8
26~30	82	10.2
31~40	160	19.8
41~50	169	21.1
≥51	266	33.1

如表2-2所示,在807份有效的调研问卷中,文化水平为小学及以下程度的有72人,占总数的9%;初中水平的居民有118人,占总数的14.6%;高中或中专水平的居民有209人,占总数的25.9%;大专水平的居民有146人,占总数的18.1%;本科水平的居民有203人,占总数的25.2%;研究生及以上水平的居民有58人,占总数的7.2%,整体学历水平较高,这保证了被调查者对问卷内容的理解及回答的准确性,在一定程度上确保了问卷的可信度。

表2-2 样本居民文化水平分布

文化水平	人数(人)	占比(%)
小学及以下水平(0~6年)	72	9
初中水平(9年)	118	14.6
高中或中专水平(12年)	209	25.9

续表

文化水平	人数（人）	占比（%）
大专水平（15 年）	146	18.1
本科水平（>15 年）	203	25.2
研究生及以上	58	7.2

如表 2-3 所示，在 807 份有效的调研问卷中，月收入在 1999 元及以下的有 118 人，占总数的 14.6%；2000 元到 3999 元的居民有 252 人，占总数的 31.2%；4000 元到 5999 元的居民有 203 人，占总数的 25.2%；6000 元到 7999 元的居民有 62 人，占总数的 7.7%；8000 元到 9999 元的居民有 44 人，占总数的 5.5%；10000 元及以上月收入水平的居民有 128 人，占总数的 15.9%。样本收入结构合理，具有一定的代表性。

表 2-3 样本居民月均收入状况分布

月均收入（元）	人数（人）	占比（%）
≤1999	118	14.6
2000~3999	252	31.2
4000~5999	203	25.2
6000~7999	62	7.7
8000~9999	44	5.5
≥10000	128	15.9

2.4 社会群体与文化消费意愿的直接关系验证

实际社会群体、社会群体感知和消费群体感知与文化消费意愿中的消费数量、消费时间、消费档次的回归分析结果见表 2-4。从表中我们可以看到消费数量选择、消费时间与消费档次（高、中、低）各自调整后的判定系数分别为 0.044、0.003、0.113、0.034、0.035，均达到了本项目对回归分析的要求。此外，消费数量、消费时间与消费档次（高、中、低）各自的 D-W 值分别为 1.891、1.920、1.849、1.915、1.843，均在 2 左右，这说明以上回归模型的随机误差项没有严重的序列自相关现象。各自的 VIF 值均小于 1.4，说明 5 个回归模型中的各自变量不存在严重的共线性问题。因此，总体来看，5 个回归模型拟合度较好，可进一步分析模型中各自变量的系数统计显著性。

表 2-4　社会群体与文化消费数量、档次、时间偏好的关系

		消费数量 选择	消费时间 偏好	消费档次		
				高档	中档	低档
		标准化系数	标准化系数	标准化系数	标准化系数	标准化系数
自变量	实际社会群体	0.032 *	−0.011	0.068 **	0.239 ***	0.117 ***
	社会群体感知	0.211 ***	0.017	0.338 ***	0.186 ***	−0.188 ***
	消费群体感知	0.170 ***	0.012	0.332 ***	0.143 ***	−0.260 ***
回归模型	R^2 值	0.044	0.003	0.113	0.034	0.035
	D-W 值	1.891	1.920	1.849	1.915	1.843
	VIF 值	均低于 1.4				

注：*** 表示 $p<0.01$；** 表示 $p<0.05$；* 表示 $p<0.1$。

资料来源：根据本章实证数据整理而来。

从表 2-4 我们可以看到如下结果：

在 0.01 的显著性水平上，实际社会群体对中档和低档消费具有显著的影响关系；在 0.05 的显著性水平上，实际社会群体对高档消费有显著的正向影响；在 0.1 的显著性水平上，实际社会群体对消费数量选择有显著的正向影响。因此，H1.2 和 H1.3 成立。在 0.01 的显著性水平上，社会群体感知对消费数量选择和高档、中档、低档消费具有显著影响关系。因此，H2.2 和 H2.3 成立。在 0.01 的显著性水平上，消费群体感知对于消费数量选择和高档、中档、低档消费具有显著影响关系。因此，H3.2 和 H3.3 成立。社会群体感知和消费群体感知都对低档消费有负相关的影响作用，且消费群体感知的负向影响作用的绝对值要大于社会群体感知对于低档商品消费意愿的影响作用。实际社会群体、社会群体感知和消费群体感知对于消费时间偏好不具有显著影响关系。因此，H1.1、H2.1 和 H3.1 不成立。

从表 2-5 中可知社会群体与文化消费意愿中 5 个消费维度的回归分析结果。从表中我们可以看到文化娱乐服务、教育培训开支、旅游开支、人情支出、文化娱乐产品各自调整后的判定系数为 0.110、0.109、0.142、0.055 和 0.040，均达到了本项目对回归分析的要求。此外，文化娱乐产品支出、教育培训开支、旅游开支、人情支出和文化娱乐服务各自的 D-W 值分别为 1.911、1.662、1.771、

1.625 和 1.951，均在 2 左右，这说明以上回归模型的随机误差项没有严重的序列自相关现象。各自的 VIF 值均小于 1.4，说明 5 个回归模型中的各自变量不存在严重的共线性问题。因此，总体来看，5 个回归模型拟合度较好，可进一步分析模型中各自变量的系数统计显著性。

表 2-5　社会群体与具体文化消费类别的关系

		实际社会群体	社会群体感知	消费群体感知	$\overline{R}^2$ 值	D-W 值	VIF 值
文化娱乐服务	标准化系数	0.231 ***	0.333 ***	0.300 ***	0.110	1.951	均<1.4
	是否支持假设	支持	支持	支持			
教育培训开支	标准化系数	0.148 ***	0.045 **	0.051 **	0.109	1.662	均<1.4
	是否支持假设	支持	支持	不显著			
旅游开支	标准化系数	0.514 ***	0.378 ***	0.339 ***	0.142	1.771	均<1.4
	是否支持假设	支持	支持	支持			
人情支出	标准化系数	0.369 ***	0.236 ***	0.190 ***	0.055	1.625	均<1.4
	是否支持假设	支持	支持	支持			
文化娱乐产品	标准化系数	−0.018 ***	0.202 ***	0.234 ***	0.040	1.911	均<1.4
	是否支持假设	支持	支持	支持			

注：*** 表示 $p<0.01$；** 表示 $p<0.05$；* 表示 $p<0.1$。

资料来源：根据本章实证数据整理而来。

从表 2-6 的数据分析中我们可以得出如下结果：

实际社会群体对于教育培训开支、旅游开支、人情支出和文化娱乐服务支出都具有显著正向影响关系，对于文化娱乐产品消费具有负向影响，实际社会群体对于旅游开支的影响作用系数最大，对于教育培训开支的影响最小。这可能是因为教育是农村或低社会群体改变命运、进行群体流动的重要的、合理的、公平的途径。即使是收入水平较低的农村家庭，教育也是他们获取高收入的必需路径。因而，在乡镇居民支出中，教育所占的文化消费比重更大。因为对全民来讲，高中和大学的教育费用基本均等。但较高的社会群体会增加其他的文化消费，导致教育所占文化消费的比重显著下降。

社会群体感知对文化娱乐产品支出、教育培训开支、旅游开支、人情支出和文化娱乐服务支出都具有显著正向影响关系，其中对于旅游开支的影响作用系数最大，对于教育培训支出的影响作用系数最小。消费群体感知对于文化娱乐产品支出、旅游开支、人情支出和文化娱乐服务支出都具有显著的正向影响关系，其中对旅游开支的影响作用系数最大。消费群体感知对于教育培训消费没有显著的影响作用。这可能是因为对于消费群体感知较高的人群来说，消费是其炫耀的手段，而教育培训往往被划分为一种提升自己的手段，而并非享受生活的手段。教育的炫示性作用不强烈，因此高消费群体感知的人群对教育培训没有明显的偏好作用。

表 2-6　社会群体与借贷消费意愿的回归分析

		实际社会群体	社会群体感知	消费群体感知	$\overline{R^2}$ 值	D-W 值	VIF 值
借贷消费意愿	标准化系数	0.109 ***	0.219 ***	0.186 ***	0.047	1.747	均<1.4
	是否支持假设	支持	支持	支持			

注：*** 表示 $p<0.01$；** p 表示 <0.05；* p 表示 <0.1。
资料来源：根据本章实证数据整理而来。

从表 2-6 的数据分析中我们可以得到如下结果：

实际社会群体感知对于借贷消费意愿具有显著影响，社会群体感知以及消费群体感知对于借贷消费意愿均具有显著影响。收入越高的人群、职业越稳定的人群，因为其心中有更强烈的安全感，对未来预期更美好，因而更加大胆和乐于进行借贷消费，更愿意选择透支当前的享乐生活，获取更高的精神快乐。

2.5　社会群体对文化消费购买意愿的间接影响研究

社会群体是心理学界和社会学界关注的一个热点概念，指的是在社会层次结构中处于不同地位的群体，这些群体之间存在的地位差异可能是由个人实际所拥有的政治、经济、文化等方面社会资源的多少造成的（陆学艺，2003），也可能来源于个体的自我认定和主观感知（Christie & Barling，2009；Kraus et al.，2012），抑或是两者的综合作用。社会学研究多关注客观群体，而心理学研究则着重探究主观群体感知的影响。结论表明，社会群体对个体心理与行为变量表现出一定的预测作用（Tan & Kraus，2018）。不同群体成员之间的认知差异，进一步影响了其对他人、社会和自我的感知（Kraus et al.，2012），从而影响其购买意愿和购买行为。在当代"互联网+"环境下，消费者的人际互动更频繁，社会联系更密切，群体之间的差距越稳定和明显，对消费决策的影响也更大。

社会群体变量主要包括收入、教育程度、职业、主观社会群体感知等。其对个体消费行为的影响主要表现在两个层面：客观社会群体影响和主观社会群体影响。其中，收入决定消费者产品选择的档次和支付方式，教育程度决定消费者在各类型产品支出上的比例。职业决定消费的档次类型。主观社会群体影响着消费者的消费心理、产品选择、支付方式等各种消费决策。现有的研究已经揭示过客观社会群体各构成变量对个体消费行为的影响。但尚未揭示这一影响的内在作用机制，也缺乏对于主观社会群体对个体消费行为的影响研究。这是本书所探讨的重点问题。

　　心理账户，作为消费者行为的一个重要前置变量，对消费总量、消费类别、消费档次、消费时间均有预测作用。社会群体的主、客观成分是否会对消费者的心理账户产生影响？心理账户是否是社会群体对消费者购买意愿影响关系的中介变量？如果是，客观社会群体和主观社会群体对购买意愿的作用路径是否存在差异？客观社会群体和主观社会群体对消费行为的影响程度是否存在差异？现有研究并未对此议题进行深入探讨。

　　从心理账户角度探讨社会群体与个体消费意愿的关系具有重大现实意义。一方面，社会群体的差异可能导致消费者收入来源数量的差异、收入所占比例的不同，也会导致消费者文化程度和职业的差异，而这些变量会影响消费者心理账户的预算、分类和弹性，也会影响消费者在支付和消费时的评估方式。心理账户的差异和对产品主观效用感知的差异必然会导致消费时间、消费档次、消费总量、消费类别的不同和变化。但目前尚缺乏社会群体与心理账户之间关系的研究。揭示两者之间的关系将有助于揭示社会群体对不同消费行为的影响路径，有助于构建系统的影响机制。客观社会群体与心理账户有着密切的关联，而心理账户是影响个体消费决策的前置因素。因此，本书引入心理账户来分析社会群体与个体消费意愿之间的心理作用机制。另一方面，主观社会群体作为心理学的前沿研究变量已经受到了学者的关注，一些学者认为其预测个体态度和行为的作用比客观社会群体更为显著。而在消费者行为研究中，该变量尚未得到重视，也缺少关于主观社会群体与购买意愿之间的关系探讨。将这一社会学、心理学概念引入管理学领域，深度挖掘其与消费者行为的关系，具有重要的理论价值和现实意义。所以，本节使用问卷调查法更全面、更精确地剖析在复杂多变的市场环境下，客观社会群体和主观社会群体如何通过心理账户中介变量作用于个体消费意愿，从而构建社会群体对个体消费意愿的心理机制。

2.5.1　研究假设

　　（1）社会群体与个体消费意愿的关系。社会群体可以区分为客观群体与主观群体，客观社会群体（Objective Social Status）指个体所拥有的政治、经济、文化等方面社会资源的多少（陆学艺，2003）。主观社会群体（Sub-jective Social Status）指个体对自我在社会中所处群体位置的感知，也称作群体自我定位、主观群体认知，是个体群体意识的构成部分（Kraus，Piff，Mendoza-Denton，Rheinschmidt et al.，2012）。在消费情境中，消费者所处的社会群体会对个体的信念、态度以及消费决策产生关键性影响。

客观群体和主观群体是社会群体对个体消费行为产生影响的两个层面。其中，客观群体对消费意愿的影响主要基于两个方面：一方面，消费者在自我评估和形成态度时会受到自己的可支配收入约束，同时会依据个体文化程度、职业特点、消费品位进行产品类别的选择。另一方面，消费者所处环境大部分由同群体个体组成，除了客观条件相近之外，同群体成员由于分享行为往往会形成相近的认知，这种认知影响了消费知识和消费信任，而消费知识和消费信任作为前因变量对消费行为的形成具有重要作用。

客观社会群体对个体消费者的购买决策存在正相关关系。例如，已有的研究显示客观社会群体影响消费者的信息搜寻行为（刘伟，2004）。社会收入、教育等水平越高，主动搜集和分析信息的能力和意愿越强，获得信息的渠道越多，对熟人的推荐信息依赖度越低。特定媒体对不同群体消费者的吸引力和影响力存在显著差异。客观社会群体影响消费者对消费环境的态度。社会群体收入、教育等水平越高，对环境的要求越高。质量较高的环境和服务会使高收入群体消费者产生优越感和自信，却会使低收入群体的消费者产生自卑和不自在的感觉。不同的社会群体会选择不同的距离进行购物。中上收入群体行驶的距离最远，而低收入群体走的距离最近。客观社会群体影响消费产品选择。客观社会群体影响个体的消费追求，不同群体在家居、电器、衣服、食品和休闲娱乐方面追求不同的购买目标，并显示出不同的审美偏好，在金额较大的商品，如住宅、汽车等的购买上表现出更加明显的差异。高收入群体消费者的购物选择反映出质量和品位，中等收入群体消费者注重数量和现代性，低收入群体则表现出对即时满足的重视（Pierre Martineau，1958）。由此可见，客观社会群体直接影响个体的消费决策，或通过影响个体的消费心理间接影响其消费意愿。因此，可得出如下假设：

H4：客观社会群体对个体的消费意愿具有正向影响。

近年来，有些研究者认为，个体的社会群体感知对于消费者心理功能的影响更大（Boyce et al.，2010）。主观群体感知对消费意愿的影响主要基于两个方面：一方面，那些对自身的财富和收入状况有积极认知的消费者会提高其消费总量、消费档次。并且，由于较少存在低收入群体所带来的焦虑以及对未来的不自信，在产品选择上，主观群体感知较高的消费者也会更加灵活，从而会增加冲动型购买和奢侈品购买的概率，储蓄水平也会更低，消费支出总量更高。另一方面，个体在消费决策时会将自身所在群体消费者作为参照群体，从而使自己的行为结果与本群体的成员趋于一致，同时尽量显示出与低收入群体成员的消费差距。如高收入群体以自我为中心，表现出较少的亲社会行为（Piff et al.，2010），更倾向于选择能代表自我身份和个性的高档产品，且更注重产品的符号意义。主观社会群体感知偏高的消费者会通过外显消费行为来维持其形象；主观社会群体感知偏低的消费者会竭力避免和同群体感知成员相似或相同的消费行为，提升消费档次和消费总量或改变消费类别。由此可见，主观社会群体感知对个体消费意愿具有正向的直接影响作用。所以，本书得到如下假设：

H5：主观社会群体感知对个体的消费意愿有正向影响作用。

（2）社会群体与心理账户的关系。心理账户是指人们在进行消费、投资等决策时存在一个心理上的虚拟账户，该账户对金钱进行分类、评估、预算和支配，从而造成很多非理性的决策行为。账户的差异往往来源于个体对资金来源、资金分类、账户预算等方面的认知差异（Thaler，1990）。心理账户概念的最早提出者Thaler（1985）认为每个人心中都存在心理账户，且无时无刻不在潜意识中使用它。当消费者进入购买决策阶段时会自动打开原有的心理账户，消费完成后再自动关闭。现有的研究表明心理账户系统显著地影响个人、家庭的各项消费决策。

马斯洛需求层次理论认为，人类只有满足了低层次的需求才会发展更高层次的需求。因此，高收入群体应该比低收入群体拥有更多的独立心理账户数量，并拥有低收入群体所不具有的心理账户类别。而随着教育水平的上升，拥有更高品鉴能力的高学历群体可能会倾向于偏好精神文化账户。职业类别的不同也会导致不同的消费者选择设置不同的心理账户类别。当一个消费者主观群体认知比较高的时候，他会对未来的生活预期更加乐观，相应会增加心理账户的独立账户数量，也会适当提高高档产品消费的账户的数量和金额。

灵活性是心理账户最活跃的特征。所谓心理账户的灵活性，即人们对各类独立账户的划分并不是一成不变的，在一定的模糊性条件下，心理账户是具有弹性可以伸缩的（李爱梅，2006；Cheema & Soman，2006）。同一个消费者的心理账户会受到经济状况等因素的影响，在不同的时期会发生变化。不同的消费者由于自我控制程度的不同，其账户弹性和灵活性存在差异。灵活性强的人其各个独立账户之间的边界并不绝对，收支情况会经常变化。另外，消费者会为自己的享乐消费寻找理由。不明确的支出（可以被分配到多个心理账户中的资金）比明确的支出（被现有预算或以前构建的心理账户约束的资金）更有可能被花掉。正是由于心理账户的灵活性，使人们现实的消费行为选择表现出丰富多彩的变化，从而创造了许多消费热点理论（李爱梅，2005）。

人口统计变量对心理账户的基本特征有着重要影响。学历、经济水平与灵活性特征呈显著的正相关且知识工作者心理账户的灵活性较强（李爱梅，2005）。高收入群体往往收入来源数量较多，非固定收入占比例更高，收入波动幅度也较大，同时对价格变化更加不敏感。低收入群体往往收入来源数量少，或者他们是固定收入者，收入波动幅度较小，对价格高度敏感。因此，高收入群体心理账户的弹性应当更大，在消费上更加自由和随意，对超出预算的消费行为不那么敏感，也有更多灵活备用资金可以在各账户之间调配。低收入群体因收入来源单一且较为固定，对自己的财富管理会更加理性。基本生存账户如食品、教育、医疗、养老必须保证足够的预算，同时这些预算不能用于其他用途。因而预算性更强，灵活性较差。

由此得出如下假设：

H6：社会群体正向影响心理账户灵活性；

H6a：客观社会群体正向影响心理账户灵活性；

H6b：主观社会群体正向影响心理账户灵活性。

双通道心理账户是指人们在购买决策时具有一个双向通道的心理账户，一个通道记录了从产品和服务的消费过程中所获得的正效用，即"消费中体验到的快乐"（The Pleasure of Consumption）；而另一个通道则记录了对该产品和服务进行支付时所获得的负效用，即"付款时体验到的疼痛"（The Pain of Paying）。当消费中体验到的正效用绝对值大于付款时体验到的负效用绝对值时，个体会将此次消费评估为"值得"的；反之，个体会评估本次消费"不值得"，进而放弃购买或重购行为（李爱梅，2012）。快乐弱化系数用来形容消费的快乐被付款的疼痛所降低的程度，称为 α 系数；疼痛钝化系数用来描述付款的疼痛被消费的快乐所降低的程度，称为 β 系数。

α 系数和 β 系数的大小受到消费者个人特质如收入、学历、职业等的影响。Prelec 和 Loewenstein（1998）认为，无论是预付、即时付款，还是延迟付款，低收入者会仔细考量消费过程中产生的各种金钱成本，更多地把购买看作一种金钱损失，因而拥有更大的 α 系数和更小的痛苦钝化系数 β。我国低收入群体为了保障自己的基本生活条件，对储蓄有着较大的偏好，会更加计较成本的支出。因而，低收入者的 α 系数更大，且 α 系数与 β 系数的联结更紧密；高收入者对单位货币损失较为不敏感，因而在支付的时候 β 系数更大，而在消费产品和服务的时候具有较小的焦虑情绪，能够放松享受产品和服务，具有较小的快乐弱化系数 α。

β 与 α 的差值被称为消费效用，其本质是消费者对产品和服务的主观感知。产品能带给顾客的身心愉悦程度取决于消费者本身的身份、职业、文化程度和兴趣爱好。付款所带来的痛苦感受取决于个体对货币损失的敏感程度。在支付的时候，消费者的感受不仅跟金钱绝对值损失有关，也跟该次消费所占个人可支配收入比例有关，甚至跟消费者对未来预期相关。主观社会群体感知较高的消费者对自身和未来有着更为积极的期望。他们对损失较为不敏感，同时自我感知水平高，极大地减少了消费所产生的内疚感、罪恶感，因而 α、β 和消费效用都会更高。

　　由此可得出如下假设：

H7a：客观社会群体负向影响快乐弱化系数 α；

H7b：主观社会群体负向影响快乐弱化系数 α；

H7c：客观社会群体正向影响疼痛钝化系数 β；

H7d：主观社会群体正向影响快乐弱化系数 β。

　　（3）心理账户与消费意愿的关系。由于心理账户的客观存在和对非理性决策行为的强大解释力，引起了营销学界的高度关注（Dilip & John，2001）。已有的研究表明心理账户是造成消费者非理性消费的重要原因。在消费决策过程中，个体基于自己心理账户分类以及账户预算控制及消费后损益评估平衡的结果来进行消费行为选择。这个选择结果往往不是理性收益最大化的方案。不同的消费支出账户、收入结构和来源、财富存储账户等均会对个体的非理性消费决策产生影响（Jeffrey et al.，2007；廖俊峰，2014；刘涛，2010；付孝泉，2014；李爱梅等，2014）。如收入结构方面，通常消费者倾向于花掉在购买产品时得到的优惠（Heilman et al.，2013），并且在使用"意外之财"进行支付的时候往往会较少地关注产品细节信息（王琦等，2017）。

　　心理账户对消费决策起到重要作用已经成为研究者的共识。例如，心理预算会导致过度消费和消费不足。不同类别的支出账户能够预测消费类别和消费总量（Soman，2001）。现金返现归属于哪一个账户会决定这笔钱将来的消费方向（Chip Heath & Sue Ocurry，1994）等。本书认为，个体的心理账户会影响他们的消费意愿和消费行为。不同个体的心理账户灵活性存在差异。灵活性越强，则预算性越低，越不会出现消费不足现象。同时，只要消费项目存在着灵活性或模糊性，人们就会为自己的享乐消费寻找理由（Cheema & Soman，2006）。因此，心理账户的灵活性越高，消费者越有可能消费高档产品。由于能够将预算已经花完的产品归于其他消费类别，消费数量也会得到提升。灵活性会影响消费总量、消费类别选择和消费档次。

　　疼痛钝化系数 β 与快乐弱化系数 α 的连接紧密度影响着消费者对该次消费的

评估，两者差值称为消费效用，是决定消费者是否购买的关键前置变量。快乐弱化系数 α 小的消费者会从消费中体验到较大的愉悦，因而他们倾向于尽早消费、消费更多、消费更高档的产品并且扩充消费类别。疼痛钝化系数 β 大的人对金钱损失较为不敏感，倾向于较早支付、支付更多、购买更昂贵的商品并购买多种类别的产品和服务。相反地，α 系数较高的人会减少消费总量和消费类别，降低对消费档次的追求。而疼痛钝化系数 β 小的个体会降低产品选择的档次，倾向于延迟付款，更倾向于借贷消费。由此可得出如下假设：

H8：心理账户灵活性对消费者的消费意愿有正向影响。

H9a：快乐弱化系数 α 对该消费者的消费意愿有负向影响；

H9b：疼痛钝化系数 β 对该消费者的消费意愿有正向影响。

鉴于以上关于社会群体和个体消费意愿之间的关系、社会群体对心理账户灵活性和双通道心理账户的影响作用以及心理账户对消费意愿的影响作用的讨论，可推导得出心理账户是社会群体对消费意愿影响作用的中介变量，由此得出如下假设：

H10：心理账户灵活性在社会群体和消费意愿之间起着中介作用：

H10a：心理账户灵活性在客观社会群体和消费意愿之间起着中介作用；

H10b：心理账户灵活性在主观社会群体和消费意愿之间起着中介作用。

H11：双通道心理账户在社会群体和消费意愿之间起着中介作用：

H11a：快乐弱化系数 α 在客观社会群体和消费意愿之间起着中介作用；

H11b：快乐弱化系数 α 在主观社会群体和消费意愿之间起着中介作用；

H11c：疼痛钝化系数 β 在客观社会群体和消费意愿之间起着中介作用；

H11d：疼痛钝化系数 β 在主观社会群体和消费意愿之间起着中介作用。

社会群体与个体消费意愿之间关系的研究模型见图 2-1。

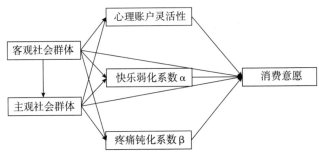

图 2-1　社会群体与个体消费意愿之间关系的研究模型

2.5.2 研究方法与数据收集

（1）量表测项构成。对于居民客观社会群体的测量，国外主要通过间接测量个体能获取的资源来实现（Kraus & Stephens，2012）。国内影响最大的量表是陆学艺教授在《中国社会群体分析》中使用的量表，很多学者在自己的实证研究中引用了该量表。本书根据美国社会学研究专家布劳与邓肯通过统计不同社会个体收入、受教育程度以及职业背景的总分反映其社会地位的多维度方法，结合我国实际情况确定测项。关于主观社会群体感知的测量，国内外多采用 Adler、Epel、Castellazzo 和 Ickovics（2000）提出的主观社会经济地位 MacArthur 量表（The MacArthur Scale of Subjective Socioeconomic Status）。关于消费意愿的测量，在借鉴前人研究的基础上，本书将消费意愿细分为消费总量意愿、消费时间偏好、消费档次选择、借贷消费意愿 4 个维度（江林，2016）。其中，消费总量意愿是指个体在一段时间内愿意支出的总金额；消费时间偏好是指个体对产品服务购买时间的态度；消费档次选择是指个体对不同档次产品和服务的购买态度；借贷消费意愿是指居民愿意进行借贷消费的意愿测量。最终的测量量表中客观社会群体的测项有 3 个，主观社会群体的测项有 2 个，心理账户灵活性的测项有 3 个，双通道心理账户的测项有 2 个，消费意愿的测项有 4 个。双通道心理账户的题目放在购买决策的题目之后，将数据反向计分后形成快乐弱化系数和疼痛钝化系数。问卷中的所有测项都采用李克特 7 级量表，1 表示非常不同意，7 表示非常同意，量表测项构成如表 2-7 所示。

表 2-7 量表测项构成

变量	测项数量	测项内容	参考文献
客观社会群体	3	您的文化程度；您的平均全部年收入；您所从事的工作属于下列职业中的哪一种	Kraus 和 Stephens，2012；陆学艺，2002
主观社会群体	2	您认为自己目前在哪个等级上；您认为自己目前的生活水平在哪个等级上	Adler、Epel、Castellazzo 和 Ickovics（2000）
心理账户灵活性	3	对心仪已久的物品，哪怕超出我的预算，我也会说服自己购买；有时候我购物完全是一种冲动；我的各项开支根据经济状况灵活变化	Henderson，1992；Kivetz，1999；李爱梅，2004，2007
双通道心理账户	2	消费的时候，带给你的快乐程度是多少；购买一件商品，为它付款的时候，你的痛苦程度是多少	李爱梅，2012；杨林波，2015；Rick 等，2008

续表

变量	测项数量	测项内容	参考文献
消费数量意愿	1	我愿意更多地购买所需要的商品	
消费时间偏好	1	我愿意尽早购买所需要的商品	
消费档次选择	3	我倾向于购买高档产品；我倾向于购买中档产品；我倾向于购买价格便宜的产品	
借贷消费意愿	1	我愿意向银行等第三方进行借贷来支付我的消费费用	

（2）预调研。本节采用预调研来检验量表的信度修改测项。预调研采取配额抽样和便利抽样的方法，培训 20 位调查员，每位调查员要在自己熟悉的亲戚朋友中选择 15 位符合问卷要求的被调查者来填答问卷。问卷对被试的性别、年龄、收入、学历、户口均有严格要求，其配额数量和比例符合人口普查相关数据。本次预调研一共发出问卷 300 份，回收有效问卷 289 份。

预调研对数据进行探索性因子分析的结果如表 2-8 所示，Bartlett 球形检验结果显著（p<0.001），各因子内部的一致性都较好（Cronbach's α 均大于 0.7）。

表 2-8　探索性因子分析（N=289）

构念	指标	因子 1	因子 2	因子 3	因子 4	因子 5	因子 6
客观社会群体	OSC1	0.825					
	OSC2	0.897					
	OSC3	0.852					
主观社会群体	SSC1		0.823				
	SSC2		0.792				
心理账户灵活性	MAF1			0.775			
	MAF2			0.723			
	MAF3			0.709			
快乐弱化系数 α	HWC1				0.798		
疼痛钝化系数 β	PPC1					0.765	
消费意愿	CI1						0.776
	CI2						0.823
	CI3						0.678
	CI4						0.708

续表

构念	指标	因子 1	因子 2	因子 3	因子 4	因子 5	因子 6
特征值		2.924	2.656	2.132	1.878	1.625	1.935
解释变异（%）		19.131	15.233	13.388	11.578	9.659	7.375
累计解释变异（%）		19.131	34.364	47.752	59.33	68.989	76.364
内部一致性系数 α		0.856	0.809	0.721	0.772	0.719	0.765

（3）正式调研。本节在学校里选择来自不同省份的 300 名学生作为调查员，每位调查员负责 5 份问卷。调查员利用假期回家过年的时间在自己的家乡筛选合适的被调查者填写问卷，被调查者要符合年龄、性别、收入、学历、职业、是否农村或城市等配额要求。该要求在国家统计局人口普查数据资料的基础上由项目组制定，保证最终的调查在抽样上与全国居民构成基本相同。调查以家庭为单位，调查员采用 Qualtrics 在线调查软件和纸质问卷方式相结合的方式，对个别题项进行解释，确保被调查者能够正确理解问项内涵来减少漏填、错填等情况的发生。正式调研一共发放了 1500 份问卷，收回了 1363 份有效问卷，有效回收率为90.86%。样本的人口统计学特征见表 2-9。

表 2-9　样本的人口统计学特征

人口统计变量	变量水平	占比（%）	人口统计变量	变量水平	占比（%）
性别	男	52.8	家庭收入最高者月均收入	1999 元及以下	14.6
	女	47.2		2000~3999 元	31.2
年龄	18~30 岁	27.0		4000~5999 元	25.2
	31~40 岁	21.0		6000~7999 元	7.7
	41~50 岁	22.0		8000~9999 元	5.5
	51~60 岁	18.0		10000 元及以上	15.8
	≥61 岁	12.0	家庭规模	1 人	7.5
受教育程度	初中及以下	23.5		2 人	19.0
	高中/中专/技校	25.9		3 人	38.2
	大专	18.2		4 人	19.3
	本科	25.2		5 人	10.5
	研究生及以下	7.3		6 人及以上	5.5

（4）正式量表信效度检验。本书使用验证性因子分析法来测试正式量表的

结构效度。如表 2-10 所示，所有变量的因子载荷均大于 0.6，测项的内部一致性均大于 0.7，平均提取方差值均大于 0.5，变量和变量的测项构成之间聚合效度和区分效度均较高。

表 2-10　各变量相关系数和效度分析结果

变量	内部一致性系数 α	客观社会群体	主观社会群体	心理账户灵活性	快乐弱化系数 α	疼痛钝化系数 β	消费意愿
OSC	0.879	(0.823)					
SSC	0.854	0.192**	(0.732)				
MAF	0.905	0.168**	0.196**	(0.776)			
HWC	0.815	0.232**	0.087**	0.067	(0.675)		
PPC	0.823	0.183**	0.094**	0.012	0.213**	(0.683)	
CI	0.822	0.256**	0.086**	0.035	0.253**	0.092**	(0.712)

注：*表示 p<0.05；**表示 p<0.01；***表示 p<0.001；平均萃取变异量 AVE 值在括号内。

（5）模型拟合优度检验。本节采用 LISREL8.7 软件，根据概念模型对问卷数据进行结构方程模型分析。结果显示 $\chi^2 = 322.5$，$df = 77$，$\chi^2/df < 5$，$RMSEA = 0.042$，$GFI = 0.912$，$AGFI = 0.936$，$CFI = 0.926$，$NFI = 0.928$，$IFI = 0.942$。这表明整体概念模型有着较高的拟合优度，具体而言（见图 2-2），客观社会群体对心理账户灵活性的影响系数显著（$\beta = 0.32$，$p < 0.001$），对快乐弱化系数 α 的影响系数显著（$\beta = -0.19$，$p < 0.05$），对疼痛钝化系数 β 的影响系数显著（$\beta = 0.27$，$p < 0.05$），主观社会群体对心理账户灵活性的影响系数显著（$\beta = 0.43$，$p < 0.001$），对快乐弱化系数 α 的影响系数显著（$\beta = -0.24$，$p < 0.05$），对疼痛钝化系数 β 的影响系数显著（$\beta = 0.19$，$p < 0.05$），心理账户灵活性对消费意愿具有显著的正向影响作用（$\beta = 0.23$，$p < 0.001$），快乐弱化系数 α 对消费意愿具有显著的负向影响作用（$\beta = -0.11$，$p < 0.001$），疼痛钝化系数 β 对消费意愿具有显著的正向影响作用（$\beta = 0.13$，$p < 0.001$）。客观社会群体对消费意愿的直接影响系数显著（$\beta = 0.19$，$p < 0.001$），主观社会群体对消费意愿的直接影响系数显著（$\beta = 0.32$，$p < 0.001$）。总的研究模型分别解释了心理账户灵活性变异的 29%、快乐弱化系数 α 变异的 19%、疼痛钝化系数 β 变异的 21% 和消费意愿变异的 22%。

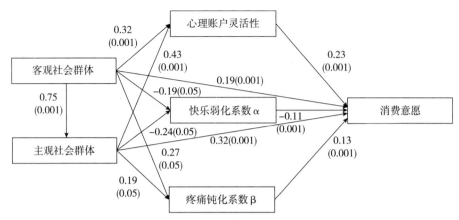

图 2-2　结构方程概念模型分析结果

2.5.3　结果分析

（1）社会群体与个体消费意愿的关系分析。本书基于数据和模型特点使用多元回归分析法对研究模型进行假设检验。①容差和 VIF 的值均大于 0 同时小于10，提示不存在多重共线性。②随机项 e 自相关的 D-W 值为 1.81，提示不存在序列相关问题。将人口统计学变量（年龄、性别等）作为控制变量，将消费意愿作为研究变量，分别将客观社会群体和主观社会群体设定为自变量 X。如表2-11、表 2-12 模型 M1 所示，客观社会群体直接正向影响消费意愿，H4 成立；主观社会群体直接正向影响消费意愿，H5 成立。

表 2-11　客观社会群体和消费意愿的关系以及心理账户灵活性的中介作用

变量	消费意愿	心理账户灵活性	消费意愿
	M1	M2	M3
年龄	-0.112***	0.019	-0.113***
性别	-0.09	0.021	-0.08
客观社会群体	0.270***	0.356**	0.215**
心理账户灵活性			0.249***
F 值	47.69***	53.831***	55.048***
D-W	1.719	1.869	1.759
R^2	0.216	0.253	0.29

注：*** 表示 $p<0.01$；** 表示 $p<0.05$；* 表示 $p<0.1$。

表 2-12 主观社会群体和消费意愿的关系以及心理账户灵活性的中介作用

变量	消费意愿	心理账户灵活性	消费意愿
	M1	M2	M3
年龄	−0.105 ***	0.007	−0.107 ***
性别	−0.103	−0.016	−0.102
主观社会群体	0.429 ***	0.512 **	0.371 *
心理账户灵活性			0.291 ***
F 值	39.28 ***	33.259 *	53.505 ***
D-W	1.721	1.823	1.789
R²	0.091	0.012	0.192

注：*** 表示 p<0.01；** 表示 p<0.05；* 表示 p<0.1。

（2）社会群体的影响与灵活性和双通道心理账户的关系。同理，将灵活性、快乐弱化系数 α 和疼痛钝化系数 β 分别作为因变量，回归结果表明，客观社会群体显著地正向影响灵活性和疼痛钝化系数 β（见表 2-11 和表 2-15 模型 M2），显著地负向影响快乐弱化系数 α（见表 2-13 模型 M2）。主观社会群体显著地正向影响灵活性（β=0.512，p<0.01）和疼痛钝化系数 β（β=0.297，p<0.01）（见表 2-12 和表 2-16 的模型 M2），显著地负向影响快乐弱化系数 α（见表 2-14 的模型 M2）。所以，H6a、H6b、H7a、H7b、H7c、H7d 均成立。

表 2-13 客观社会群体和消费意愿的关系以及快乐弱化系数 α 的中介作用

变量	消费意愿	快乐弱化系数 α	消费意愿
	M1	M2	M3
年龄	−0.112 ***	−0.062 ***	−0.109 ***
性别	−0.09	0.312 ***	−0.072
客观社会群体	0.270 ***	−0.297 ***	0.176 ***
快乐弱化系数 α			−0.196 **
F 值	47.69 ***	38.732 ***	39.706 ***
D-W	1.719	1.701	1.736
R²	0.216	0.092	0.143

注：*** 表示 p<0.01；** 表示 p<0.05；* 表示 p<0.1。

（3）心理账户灵活性、双通道心理账户与个体消费意愿的关系。同理，把心理账户灵活性和双通道心理账户设定为自变量，将个体消费意愿作为因变量，可以计算出，心理账户灵活性显著地正向影响个体消费意愿，快乐弱化系数 α 显著地负向影响个体消费意愿，疼痛钝化系数 β 显著地正向影响个体消费意愿。所以，H8、H9a 和 H9b 均成立。

表 2-14　主观社会群体和消费意愿的关系以及快乐弱化系数 α 的中介作用

变量	消费意愿	快乐弱化系数 α	消费意愿
	M1	M2	M3
年龄	−0.105 ***	−0.067 ***	−0.107 ***
性别	−0.103	0.169 **	−0.091
主观社会群体	0.429 ***	−0.332 **	0.219 **
快乐弱化系数 α			−0.139 *
F 值	39.28 ***	33.236 ***	29.731 ***
D-W	1.721	1.725	1.73
R²	0.091	0.083	0.092

注：*** 表示 p<0.01；** 表示 p<0.05；* 表示 p<0.1。

（4）灵活性和双通道心理账户的中介作用。接下来，本书使用逐次回归法来验证心理账户的灵活性和双通道心理账户是否在社会群体和个体消费意愿之间起到中介作用。本书分别将客观社会群体和主观社会群体设定为自变量，同时将心理账户灵活性也设定为自变量、个体消费意愿设定成因变量，可以得出，灵活性显著地正向影响个体消费意愿，而客观社会群体仍然显著地正向影响个体消费意愿，同样地，灵活性显著地正向影响着个体消费意愿，同时主观社会群体仍显著正向影响着消费意愿，所以，灵活性在客观社会群体、主观社会群体与个体消费意愿的关系之间起着部分中介作用，H10a 和 H10b 成立（见表 2-11 和表 2-12 中模型 M3）。

表 2-15　客观社会群体和消费意愿的关系以及疼痛钝化系数 β 的中介作用

变量	消费意愿	疼痛钝化系数 β	消费意愿
	M1	M2	M3
年龄	−0.112 ***	−0.062 ***	−0.109 ***
性别	−0.09	0.312 ***	−0.072
客观社会群体	0.270 ***	0.391 **	0.205 ***

续表

变量	消费意愿	疼痛钝化系数 β	消费意愿
	M1	M2	M3
疼痛钝化系数 β			0.219 ***
F 值	47.69 ***	38.732 ***	39.706 ***
D-W	1.719	1.701	1.736
R^2	0.216	0.092	0.143

注：*** 表示 p<0.01；** 表示 p<0.05；* 表示 p<0.1。

同理可计算出，快乐弱化系数 α 分别在客观社会群体、主观社会群体和个体消费意愿之间的关系中起到了部分中介作用，H11a 和 H11b 得到验证（见表 2-13 和表 2-14 中的模型 M3）；疼痛钝化系数 β 分别在客观社会群体、主观社会群体与个体消费意愿的关系中起到了部分中介作用，H11c 和 H11d 成立（见表 2-15 和表 2-16 模型 M3）。

表 2-16　主观社会群体和消费意愿的关系以及疼痛钝化系数 β 的中介作用

变量	消费意愿	疼痛钝化系数 β	消费意愿
	M1	M2	M3
年龄	-0.105 ***	-0.067 ***	-0.107 ***
性别	-0.103	0.169 ***	-0.091
主观社会群体	0.429 ***	0.297 **	0.391 ***
疼痛钝化系数 β			0.197 ***
F 值	39.28 ***	33.236 ***	29.731 ***
D-W	1.721	1.725	1.73
R^2	0.091	0.083	0.092

注：*** 表示 p<0.01；** 表示 p<0.05；* 表示 p<0.1。

2.5.4　讨论

（1）研究结论。本节探讨了消费者社会群体与个体消费意愿之间的关系以及心理账户的中介作用。研究结果表明，客观社会群体和主观社会群体分别对个体消费意愿有显著的正向影响，且心理账户在客观社会群体和主观社会群体与个体消费意愿的作用关系中起到了部分中介作用。比较分析表明，客观社会群体和主观社会群体对个体消费意愿的影响存在着差异。个体在消费决策的过程中更倾向于依赖主观社会群体即自我的群体感知。

类似地，从客观社会群体、主观社会群体对心理账户灵活性和双通道心理账户影响系数的绝对值大小上进行分析，主观社会群体对个体心理账户的灵活性和快乐弱化系数 α 的影响作用更大，而客观社会群体对个体的疼痛钝化系数 β 的影响更强烈。可以看出，消费者的社会群体对其心理账户的影响是遵循一定的规律和路径的，其中，客观社会群体的构成要素如学历、收入、职业等对个体对金钱损失的敏感程度影响更强烈，从而影响其消费总量、消费档次和消费时间等。而主观社会群体对个体心理账户灵活性以及消费收益的体验影响更强烈，社会群体通过这样的路径影响着个体的消费行为。从系数绝对值上也可以看出，主观社会群体对消费意愿的直接影响要大于客观社会群体，因而，主观社会群体是我们在消费行为学中应高度重视的一个变量。不同社会群体成员在心理账户和消费决策上存在的差异，不仅是由客观变量收入、学历、职业等造成的，更是由个体对自我群体地位的认知造成的。通过改变个体认知，能够影响其心理账户和各种非理性决策行为。另外，实证分析结果显示灵活性和疼痛钝化系数 β 对个体消费意愿起到了显著的正向影响，而快乐弱化系数 α 对个体消费意愿的影响作用是负向的，这充分说明了，消费效用是影响消费意愿的重要前置因素，消费者在使用心理账户评估产品和服务价值的时候，感知到的快乐收益越大，金钱损失的痛苦越小，消费意愿水平越高。而且，灵活性较高的个体在消费总量、消费档次上都会有所提升，倾向于更早消费，也更愿意借贷消费。

（2）管理启示。本章的研究结论给予了业界重要的管理启示，如果能够有效改变居民的心理账户，可以起到有效提升消费水平的作用。

第一，心理账户灵活性正向影响着个体的消费意愿。因此，提高个体的心理账户灵活性，能有效增强消费意愿。企业在宣传产品的时候避免将其归入单一的类别，以免受到消费者在该类别心理账户的非替代性限制。对于产品归类，商家应尽量模糊，可加大宣传产品的多项功效和用途，方便消费者在运算和评估的时候将产品和服务归属在多个独立账户中。对于享乐型产品，应尽量赋予它发展型特征和功能型用途，帮助消费者减轻内疚，从而促进购买。

第二，双通道心理账户是消费意愿的重要前置因素，相较于快乐弱化系数 α，疼痛钝化系数 β 对个体消费意愿的影响程度更强烈，因此，企业应当尽量减少顾客在支付时所产生的痛苦情绪体验。如采用分期付款政策，将痛苦体验分担到每一个月，将大额支付切割成多个小额支付，这样由于每个月付款金额绝对值很小，痛苦体验可能被消费者忽略不计。而在消费者体验消费产品时，企业要尽可能地加强其体验价值，让消费者获得更多的快乐感受。如企业可通过抽奖和游戏环节增加消费的乐趣，增强个体的消费效用从而提升消费意愿。

第三，主观社会群体对于心理账户灵活性和快乐弱化系数 α 的影响均要高于客观社会群体，对消费意愿也有着更大的直接影响作用。因此，在营销活动中，商家可以通过改变消费者对自身地位的认知来改变其消费行为。如降低中产阶级和上层阶级的财富门槛，提升消费者对个体群体的感知等。这将直接导致顾客扩大消费总量、提高消费档次和尽早消费。也会提升心理账户的弹性和消费效用感知，从而间接提升消费水平。客观社会群体对疼痛钝化系数 β 有着更大的直接影响作用。虽然，改变一个人的客观社会群体是困难的，但是我们仍然可以通过继续提升学历来改变个体的学历和收入。例如，政府可以鼓励居民参加继续教育，无论是获得学历还是获得知识抑或两者兼有，都能够提高个体心理账户的灵活性和疼痛钝化系数 β、降低快乐弱化系数 α，从而提升消费水平。

（3）研究局限和未来研究方向。本章采用的是结构方程建模法来对数据进行处理分析，无法进一步深入分析两两变量之间的作用关系，且对干扰因素的控制和排除也会不够精确，未来可以与实验法进行结合来弥补这个缺憾。

3 文化消费概述
——以河南省为例

  2019 年我国居民人均消费中用于教育文化及娱乐的开支已达到 2513.1 元。占全国居民人均消费支出的 11.65%，占全国居民人均可支配收入的 8.18%。河南作为我国人口第一大省，消费需求旺盛，历史悠久，文化消费历史源远流长。2019 年，河南省居民人均教育文化娱乐消费支出绝对值为 2016.8 元，占全省居民人均消费支出的 12.35%，占全省居民人均可支配收入的 8.44%，基本能够达到全国平均水平。然而，河南省的文化消费存在着诸多问题，如城乡差距较大、各地市发展不均衡、享乐型消费和成长型消费结构不合理、文化消费场所利用不够充分等。本章将描述河南省文化消费以及各地市文化消费的基本情况和结构，分析影响文化消费增长的关键因素和关键群体，针对河南省现有文化消费状况给出有针对性的政策建议。

3.1 研究背景

  河南省位于黄河中下游，是中原文化的发源地。许多学派如道家、法家、墨家、纵横家的思想皆起源于此。华夏姓氏中 300 个大姓有 171 个起源于河南。历史上先后有 20 多个朝代建都或迁都于河南，郑州、安阳、洛阳、开封等都是著名的古都。作为我国的文化大省之一，河南人口众多，文化消费需求旺盛。近年来大众文化消费总量不断升级增长。2018 年，河南省居民人均教育文化娱乐消费支出绝对值为 1769.10 元，占全省居民人均消费支出的 11.7%，占全省居民人均可支配收入的 8.05%，处于全国平均水平。从总量上来说，河南省的文化消费支出并没有像它的文化历史地位一样排在全国前列，因此仍需要有针对性的政策刺激增长。从消费结构、地市差异、城乡差距等方面来讲，河南省的文化消费存在着许多未被解决的问题，主要有以下几点：

  （1）文化消费数量偏低。河南是中华文明的发源地，具有悠久的历史，是世界文明较早起源的地区之一。河南人口众多，文化消费习惯源远流长。然而，2019 年河南省人均教育文化娱乐支出只有 2016.8 元，只是上海市 5495.1 元的

36.7%，尚达不到全国平均水平（2513.1 元），这与河南省文化大省的地位不符。即使在中部六省中，河南也处于最低水平。2019 年湖北居民人均教育文化娱乐支出为 2459.6 元，湖南为 3017.4 元，山西为 2136.2 元，安徽为 2132.8 元，江西为 2094.2 元。提高文化消费总量和人均消费支出仍是未来几年河南省要面对的问题。

（2）文化娱乐消费贫富差距巨大。2018 年，河南省城镇居民平均文化娱乐消费支出为 857.40 元。低收入户的平均文化娱乐消费支出为 335.70 元，而高收入户的平均文化娱乐消费支出达到 1946.07 元，为低收入户的 5.80 倍。不同收入居民的文化娱乐消费差距巨大，文化娱乐成为了高收入群体的"特权"。而教育消费则完全相反，高收入户的平均教育支出为 1884.13 元，为低收入户的平均教育支出 1239.32 元的 1.52 倍，差距不明显。

（3）各地市发展不平衡，部分地市文化消费发展不充分。2019 年济源市城镇居民平均家庭教育文化娱乐支出为 3904 元，而汝州市的城镇居民平均家庭教育文化娱乐支出只有 1611 元，前者是后者的近 2.42 倍。就总体消费支出而言，济源市城镇居民平均支出水平为 24795 元，汝州市同期为 19186 元，前者为后者的近 1.29 倍。文化消费支出的地区差异比总体消费支出的差异更为明显。

（4）文化产业发展不足。2018 年河南省文化及相关产业实现增加值 2142.51亿元，占 GDP 的 4.29%，虽然比上年提高了 1.28 个百分点，但仍然没有达到我国平均水平。文化产业发展不足，离支柱产业的目标相去甚远。

基于此，本章将深入探讨这些未解之题，使用统计数据描述问题的具体程度，继而剖析现象背后的原因和作用机制，参考学术文献和国内外相关经验，以期能够提出解决问题的针对性政策建议。

3.2 河南省文化消费现状概述

河南省位于中国的中东部，处于黄河中下游地区，面积 16.7 万平方千米。截至 2018 年底，总人口数为 10906 万。2018 年 GDP 总量为 48055.86 亿元，教育文化娱乐消费城镇居民平均为 2430 元。2018 年，全省文化及相关产业增加值为 2142.51 亿元，占 GDP 比重的 4.29%，比 2017 年提升了 1.28 个百分点。其中，文化制造业增加值为 584.67 亿元，占比 43.6%；文化批发和零售业增加值为 166.81 亿元，占比 12.4%；文化服务业增加值为 590.32 亿元，占比 44.0%。全省拥有国家级历史文化名城 8 个、名镇 10 个、名村 9 个；省级历史文化名城15 个、名镇 51 个、名村 46 个。中国传统村落 204 处，省级传统村落 807 处。全省目前有全国文化先进县 26 个、中国民间文化艺术之乡 74 个。省级文化先进县 40 个、民间文化艺术之乡 190 个。国家级公共文化服务体系示范区 4 个、示范项目 8 个，省级示范区 24 个、示范项目 24 个。

2018 年，河南省居民人均教育文化娱乐消费支出为 1769.1 元，在全国 31 个省份中排名第 24 名，与全国居民平均文化消费支出水平 2225.7 相比少了 20.51%。如图 3-1 所示，2014～2018 年，河南省居民人均教育文化娱乐消费支出呈现稳定上升的态势，但始终没有达到全国平均水平，甚至在 2016 年、2017 年河南省与全国居民人均教育文化娱乐消费的差距还有扩大的趋势。这与河南文化大省的社会地位并不相符。

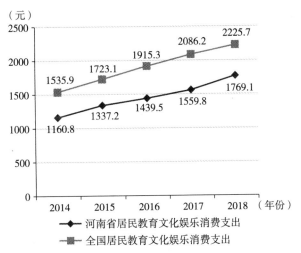

图 3-1　河南省居民和全国居民人均教育文化娱乐消费支出水平

如图 3-2 所示，近十年来，河南省城镇居民和农村居民人均文化娱乐消费支出呈现上升趋势，虽然 2014 年城镇居民文化娱乐消费支出有了短暂的回落，但 2015 年又继续上升。然而，农村居民的文化娱乐消费水平一直低于城镇，且有较大的差距。截至 2018 年，城镇居民的人均文化娱乐消费支出水平仍然达到了农村居民同一指标的两倍左右。城镇和农村居民文化娱乐消费发展水平不平衡，这大大制约了农村居民文化素质、主观幸福感和生活满意度的提高。

如图 3-3 所示，对 2018 年河南省各省辖市的消费数据进行细化研究后发现，各省辖市城镇居民每个家庭人均教育文化娱乐消费支出差距较大，最高的为济源市，人均为 3692 元，最低的为信阳市 1443 元，前者是后者的 2.56 倍。人均教育文化娱乐消费支出小于 2000 元的省辖市有周口市、信阳市、许昌市、濮阳市、鹤壁市、平顶山市 6 市，人均教育文化娱乐消费支出小于 3000 元大于 2000 元的

图 3-2　河南省城镇居民和农村居民人均教育文化娱乐消费支出水平

省辖市有驻马店市、商丘市、南阳市、三门峡市、漯河市、焦作市、新乡市、安阳市、开封市、郑州市 10 市，人均教育文化娱乐消费支出大于 3000 元的只有济源市、洛阳市 2 个市。

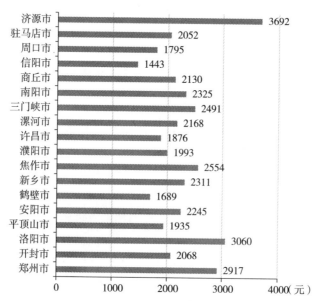

图 3-3　各省辖市城镇居民人均教育文化娱乐消费支出

如图 3-4 所示，各省直管县城镇居民每个家庭人均教育文化娱乐消费支出差距仍然较大，最高的为鹿邑县，人均 2613 元；最低的为新蔡县，人均 1158 元，前者为后者的 2.26 倍。人均教育文化娱乐消费支出小于 2000 元的省直管县有新蔡县、固始县、永城市、长垣县、汝州市、巩义市 6 个，人均教育文化娱乐消费支出小于 3000 元大于 2000 元的省直管县有鹿邑县、邓州市、滑县、兰考县 4 个，省直管县城镇居民每个家庭人均教育文化娱乐消费支出的平均水平要低于省辖市。

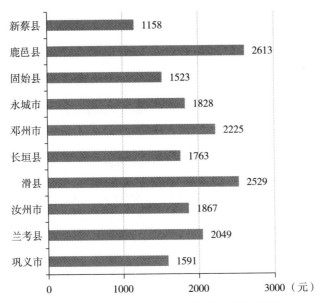

图 3-4　各省直管县城镇居民人均教育文化娱乐消费支出

各省辖市农村居民每个家庭人均教育文化娱乐消费支出不仅明显低于同市的城镇居民，而且差距较大，最高的为许昌市，人均 1463 元；最低的为漯河市和平顶山市，同为 758 元，前者为后者的 1.93 倍。农村人均教育文化娱乐消费支出小于 1000 元的省辖市有周口市、商丘市、南阳市、漯河市、平顶山市 5 市，人均教育文化娱乐消费支出小于 2000 元大于 1000 元的省辖市有济源市、驻马店市、信阳市、三门峡市、许昌市、濮阳市、焦作市、新乡市、鹤壁市、安阳市、洛阳市、开封市、郑州市 13 市。

各省直管县农村居民每个家庭人均教育文化娱乐消费支出不仅低于省辖市，且差距较大，最高的为兰考县，人均 1671 元；最低的为鹿邑县，人均 667 元，前者为后者的 2.51 倍。人均教育文化娱乐消费支出小于 1000 元的省直管县有鹿邑县和汝州市 2 个，人均教育文化娱乐消费支出小于 2000 元大于 1000 元的省直管县有新蔡县、固始县、永城市、邓州市、长垣县、滑县、兰考县和巩义市 8个,省直管县农村居民每个家庭人均教育文化娱乐消费支出的平均水平和省辖市差距不大。

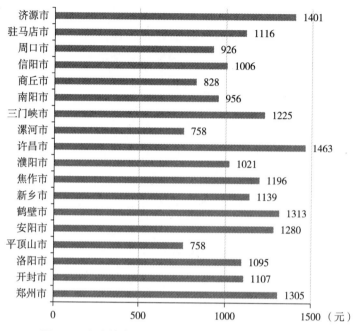

图 3-5　各省辖市农村居民人均教育文化娱乐消费支出

从图 3-5、图 3-6、图 3-7 可以看出,城镇和农村居民文化消费水平差距较大的省辖市有郑州市、洛阳市、焦作市、漯河市、济源市。城镇和农村居民文化消费水平差距较大的省直管县有汝州市、邓州市、鹿邑县。

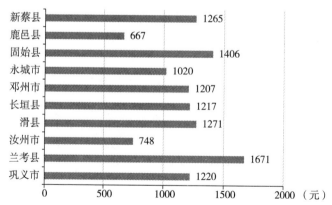

图 3-6　各省直管县农村居民人均教育文化娱乐消费支出

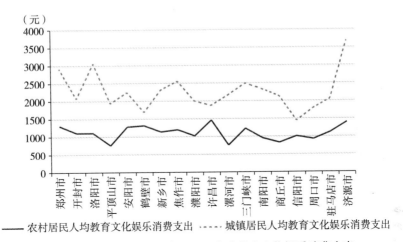

图3-7 各省辖市城镇与农村居民人均教育文化娱乐消费支出

从2018年各直辖市城镇居民家庭人均可支配收入、消费支出、人均教育文化娱乐消费支出的绝对数值来看，人均消费支出基本与人均可支配收入呈正比例关系。但安阳市、焦作市、许昌市、漯河市、信阳市除外，其中，焦作市、漯河市、信阳市的人均消费支出在可支配收入中所占比例要大于平均水平。安阳市和许昌市的人均消费支出水平在可支配收入中的比例较低。人均教育文化娱乐消费支出与人均可支配收入和人均消费支出也基本呈正相关关系，但各省辖市之间的差距不如人均可支配收入的差距明显（见图3-8、图3-9）。

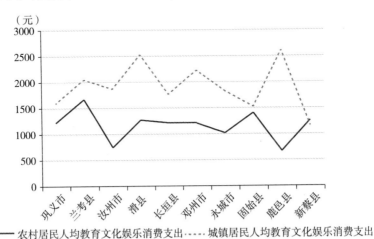

图3-8 各省直管县城镇与农村居民人均教育文化娱乐消费支出

从图3-10可以看出，各省直管县的城镇居民家庭人均消费支出并不严格遵

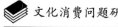

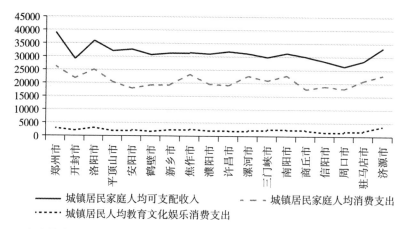

图3-9 各省辖市城镇居民人均可支配收入、人均消费支出、人均教育文化娱乐消费支出

循与人均可支配收入的正比例关系。巩义市、永城市人均可支配收入排在前列，同期的人均消费支出却排在后几位。邓州市家庭人均可支配收入属于中等水平，人均消费支出却是所有省直管县里最高的。人均教育文化娱乐消费支出曲线比较平缓，表明各省直管县的文化消费水平差距不是太大，相比之下，各省直管县的家庭人均可支配收入和消费支出差距十分明显。人均教育文化娱乐消费支出与可支配收入以及人均消费支出的关系也并不遵循正相关关系。滑县的人均可支配收入以及人均消费支出均处在较低水平，然而文化娱乐消费支出处于前列；人均消费支出排名第一的邓州市在教育文化娱乐消费上并没有夺得头筹；鹿邑县的人均教育文化娱乐消费排名第一，相比之下，其人均消费支出总额排名前列，而城镇居民家庭人均可支配收入在所有省直管县中却处于较低水平。

如图3-11所示，人均消费支出基本与人均可支配收入呈现显著的正相关关系。但三门峡市除外，其人均消费支出水平在可支配收入中所占比例较大。人均教育文化娱乐消费支出与人均可支配收入和人均消费支出也基本呈现正相关关系，但曲线平缓，表明各直辖市之间的人均教育文化娱乐消费支出差距不如人均可支配收入的差距明显。

从图3-12可以看出，各省直管县的农村居民家庭人均消费支出与人均可支配收入并没有显著的正相关关系。如巩义市农村居民家庭人均可支配收入在省直管县中排名第一，但是其人均消费支出水平并没有显著地高于其他省直管县。兰考县的农村居民家庭人均可支配收入在省直管县中处于较低水平，但是人均消费支出处于较高水平；固始县家庭人均可支配收入在各省直管县中位于中低水平，其人均消费支出在所有省直管县中是最低的，且与其他县具有较大差距。新蔡县家庭人均可支配收入在各省直管县中处于最低水平，但人均消费支出在所有省直

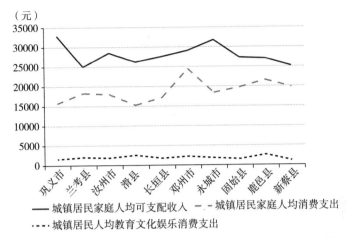

图 3-10　各省直管县城镇居民人均可支配收入、人均消费支出、人均教育文化娱乐消费支出

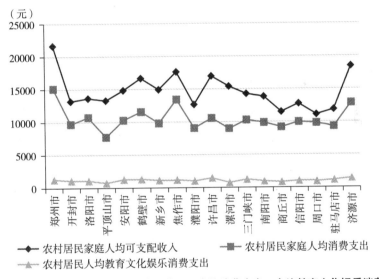

图 3-11　各省辖市农村居民人均可支配收入、人均消费支出、人均教育文化娱乐消费支出

管县中却处于中高水平。教育文化娱乐消费支出曲线比较平缓，表明各省直管县的文化消费水平差距不如可支配收入和消费支出的差距明显。且各省直管县教育文化娱乐消费水平与该县家庭人均可支配收入以及人均消费支出均没有明显的正相关关系。

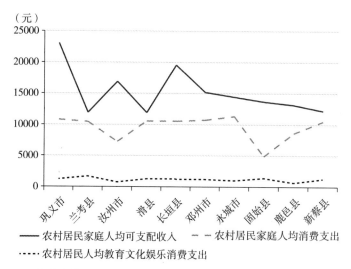

（元）

—— 农村居民家庭人均可支配收入　　- - - 农村居民家庭人均消费支出
········· 农村居民人均教育文化娱乐消费支出

图3-12　各省直管县农村居民人均可支配收入、人均消费支出、人均教育
文化娱乐消费支出

3.3　河南省人民主要的文化消费活动概况

2016年4月，文化部、财政部联合印发《关于开展引导城乡居民扩大文化消费试点工作的通知》，在全国范围内开展扩大文化消费的试点工作。2016年6月，在全国文化产业工作会议上，包括洛阳市等第一批第一次26个试点城市名单正式对外公布，试点工作在全国范围内铺开。截至目前，全国范围内共有45个城市被确定为国家文化消费试点城市，其中河南省共有郑州、洛阳两个城市入围。近年来，河南省文化消费试点城市工作亮点频现、成效突出，成为拉动城乡居民文化消费水平提升、扩大文化产品有效供给、助推文化产业发展繁荣的有效抓手和重要载体，受到国家领导的充分肯定。

郑州和洛阳均是文化古都。郑州，简称"郑"，古称商都，是河南省的省会和政治经济中心，同时也是中国中部地区重要的中心城市、特大城市、国家重要的综合交通枢纽、商贸物流中心、中原城市群中心城市、国家园林城市等。位居河南省中部偏北，东接开封，西依洛阳，北邻黄河与新乡，与焦作相望，南部与许昌、平顶山接壤，地理坐标东经112°42′~114°14′、北纬34°16′~34°58′。郑州市地处黄河中下游和伏牛山脉东北翼向黄淮平原过渡的交接地带，中西部高，东部低，东北和东南低，属北温带大陆性季风气候，四季分明。截至2018年，郑州下辖6个市辖区、1个县，代管5个县级市，总面积7446平方千米，建成区面积 830.97 平方千米，总人口 1013.6 万，完成生产总值 10143.3 亿元。

郑州是全国重要的铁路、航空、电力、邮政电信主枢纽城市，拥有亚洲作业量最大的货车编组站。郑州航空港区是中国唯一一个国家级航空港经济综合实验区，郑州商品交易所是中国首家期货交易所，郑州也是中国（河南）自由贸易试验区核心组成部分。郑州是华夏文明的重要发祥地、国家历史文化名城、中国八大古都之一、国家六个大遗址片区之一。郑州历史上曾五次为都，为中华人文始祖轩辕黄帝的故里，拥有不可移动文物近万处，其中世界文化遗产 2 处，全国重点文物保护单位 74 处 80 项。

洛阳，河南省地级市之一，简称"洛"，别称洛邑、洛京，洛阳市位于河南省的西部地区，拥有 15230 平方千米的总面积，包括 803 平方千米的市区面积，东边连接了河南省会郑州市，西边邻壤三门峡市，北边跨越了中华民族母亲河黄河并与焦作市相连，南边挨着南阳市和平顶山市。

洛阳市有 5000 多年的文明史、4000 多年城市史、1500 多年建都史。洛阳是华夏文明的发祥地之一、丝绸之路的东方起点、隋唐大运河的中心，历史上先后有十多个王朝在洛阳建都。洛阳市有二里头遗址、偃师商城遗址、东周王城遗址、汉魏洛阳城遗址、隋唐洛阳城遗址五大都城遗址。截至 2019 年 3 月，洛阳市共有龙门石窟、汉函谷关、含嘉仓 3 项 6 处世界文化遗产；2019 年末，洛阳市共有 A 级旅游景区 82 处，其中 4A 级以上景区 30 处。洛阳市有中国洛阳牡丹文化节、河洛文化旅游节等节日活动。洛阳市获得中国优秀旅游城市、全国园林城市、国家卫生城市、全国文明城市等荣誉。

2019 年末，洛阳市总人口 717.02 万，常住人口 692.22 万，城镇常住人口 409.10 万；截至 2019 年 1 月，洛阳市下辖 1 个县级市、8 个县、6 个区；2019 年，洛阳市地区生产总值 5034.9 亿元，三次产业结构为 4.9 : 46.3 : 48.8，人均生产总值 72912 元。

3.3.1　文化消费活动种类

河南省人民经常参加的文化活动有：

（1）赏花。1983 年 3 月 21 日，在郑州市第七届人民代表大会第三次会议上，月季花被确定为郑州市的市花。郑州人民对于月季的热爱是掩饰不住的。每年 4 月中旬开始，一年的观赏月季活动便拉开了帷幕。月季花节主办单位有郑州市植物园、月季公园、人民公园等，地铁一号线主干道中原路两旁也开满了艳丽的月季花。月季花节相关的活动有入院赏花、歌舞民俗表演、工艺品买卖、特色餐饮等。近年来还出现了汉服表演、汉服摄影等活动，间接导致了汉服的销售热潮。郑州市民的赏花爱好近几年来愈演愈烈，除了市花月季之外，以碧沙岗为主会场的海棠节、以古柏度樱花为宣传噱头的樱花节、郑州市植物园领衔的牡丹花节、紫荆山公园主打的荷花节等层出不穷，时间从早春一直延续到盛夏。郑州市在自然景色的基础上举办了多起民俗活动，将文化消费加旅游模式发挥得淋漓尽致，这不仅丰富了居民的精神生活，也促进了消费。

洛阳牡丹甲天下，"唯有牡丹真国色，花开时节动京城"，牡丹花栽种在洛阳市的各个街头路边。王城公园、国家牡丹园、国际牡丹园、隋唐遗址牡丹园……在花开的4月，洛阳市各个公园人满为患，热闹非凡，吸引了省内外、海内外的游客前来赏花观景，同时体验古都文化。龙门石窟、白马寺、关林等都是享誉中外的著名景点。

除此之外，其他地市也会在一年之中的花期迎来一波波的赏花热潮。如开封的菊花节，带动了清明上河园、龙亭、开封府、铁塔公园等景点门票的热销。新乡宝泉的郁金香花展、焦作云台山的杜鹃花期，都会协同助推当地的旅游文化消费发展。"花展+"的模式促进了省内外甚至国内外游客在河南饮食、住宿、旅游等。

（2）电影。河南省自然景观较为缺乏，无海滩无峻岭，闲暇之余，看电影成为了年轻人主要的娱乐休闲方式。主要的电影院有河南本土影院和全国连锁品牌比如奥斯卡国际影城、横店影城、万达院线、保利国际影城、成龙影城、奥纳影城等。在数量上，奥斯卡影城占据了半壁江山。几乎所有的购物中心都会配有影院。看电影成了逛街和吃饭之外的标配生活。节假日时如情人节、七夕节、中秋节等更是一票难求。2018年，河南省电影票房为22亿元。郑州市电影总票房8.33亿元，同比增长了12.8%，排在全国前十。郑州市作为省会城市，一个城市的票房就占了全省票房的37.86%，可见其在省内对消费的巨大带动作用。郑州市不仅是河南文化消费的中心，也是时尚的中心。

（3）戏曲。豫剧发源于河南，与京剧、评剧、越剧并称为中国四大剧种。因而，河南人民最热爱的戏剧种类非豫剧莫属，除此之外，曲剧、越调也有相当多的粉丝。河南人民有着丰富的戏曲文化氛围。戏迷们主要活动场所为各种大小公园如人民公园、紫荆山公园、碧沙岗公园等和各市的工人文化宫。

（4）图书。河南省省内教育资源十分紧缺，人口又异常庞大。高考分数线连年居高不下，河南省人民对教育的重视是发自内心的。2018年郑州人均纸质书购书量超过三本，排名全国第13。除了图书馆购书之外，电子图书的阅读量也呈现出很快的增速。省内各大图书卖场集餐饮、购书、阅读于一体，是市民读书、选书、学习的首选场所。图书零售商如西西弗书店、各地市购书中心、各市图书大厦等装修情调高雅大方，内设咖啡厅、茶馆、快餐店，图书类型一应俱全，还有儿童玩具、生活用品等商品销售。店内也有少许座椅可供读者歇息阅读。河南省图书馆、各地市图书馆环境优雅、冬暖夏凉，内设阅览室、报刊资料室、书库等，平时几乎座无虚席。市民们不仅能够借阅图书，还可以在规定的自习室里学习。

（5）旅游。2018 年河南省共接待海内外游客 78582.95 万人次，比 2017 年增长约 18.2%。其中，入境游客 321.73 万人次，增长 4.7%。旅游总收入 8120.21 亿元，增长约 20.3%。年末 4A 级以上景区 178 处，星级酒店 432 个，旅行社 1137 家。2018 年郑州市旅游总收入超过 1300 亿元，同比增长约 14.3%。郑州全年旅游接待总人数达 1.15 亿人次，同比增长约 13.6%。一些具有国际影响力的活动的举办为河南省带来了更多的客源与宣传报道，如戊戌年黄帝故里拜祖大典等系列活动在郑州的举办。近年来，"旅游文化+"的产业融合态势发展良好，如黄河沿线市区县旅游行政主管部门和郑州黄河生态旅游风景区管委会等单位联合成立"郑州黄河文化旅游融合发展协作体"，共同推出 5 条精品线路，为进一步做大做强黄河旅游品牌创造了条件。2018 年全国城市居民出游力指数排名中郑州居民名列第十。但就消费能力而言，2018 年郑州市未进入"消费力"前二十强城市榜单。随着人民收入水平的提高，会有更多资金投入在旅游消费项目上，而河南省拥有多处全国重点文物保护单位，具有丰富的物质底蕴，能够将"文化消费+"旅游模式发挥到极致。

3.3.2 目前已经实施的文化消费促进政策

目前，河南省已经实施的文化消费促进政策有：通过大力推动文化消费的转型升级，满足广大人民群众的精神文化需求，让人们从中得到更多更好的实惠和愉悦。如 2017 年，洛阳市高度重视文化消费试点城市工作，成立了由市长任组长、主管副市长任副组长、40 家职能部门任成员的领导小组，还制定了《洛阳市国家文化消费试点城市实施方案》，为工作深入扎实推进提供了政策基础和根本遵循。根据方案，市财政设立不低于 2000 万元的经费，支持全市文化消费试点城市工作开展。

2017 年，为鼓励城乡居民积极参加文化消费活动，洛阳市制定《洛阳市文化惠民消费券补贴发放办法》。办法规定，全市城乡居民通过"洛阳市文化消费信息平台"进行注册、签到、评价、分享等，可获得奖励积分，兑换相应数额的文化惠民电子优惠券（以下简称"文惠券"），在洛阳文化消费联盟企业商家进行消费，给予补贴优惠。文惠券的首批发放范围包括观影、图书、演艺（含

KTV)、文创产品、体育健身五个领域,参与的文化企业共有70家。郑州市采取"政府补一点、企业让一点、居民出一点"的方式,开展优惠观影、观看大马戏、购书、免费赏剧目、体育健身等惠民活动,让城乡居民以最优价格品享丰富多彩的文化成果。2009年,郑州市也发行了亿元旅游消费券。市民6月10日起可上携程网领取一份能当100元用的旅游消费券。2017年,郑州市对图书、电影、文化艺术活动等文化消费进行补贴:购买书籍的补贴比例为消费金额的10%;看电影补贴比例为国产影片协议价的10%;看演出补贴比例为演出普通票价的30%。

3.4　河南省文化消费差异研究

2017年,河南省城镇居民人均教育文化娱乐消费支出绝对量为2226.9元。在全国31个省份中列第28名,处于较低水平。比全国人均教育文化娱乐消费支出少了约21.76%。城镇居民人均消费支出绝对量为19422.3元,在全国31个省份中列第26名,比全国人均消费支出少了约20.55%。由此可见,河南城镇居民消费水平偏低,教育文化娱乐消费水平更低。

2017年,河南省农村居民人均教育文化娱乐消费支出绝对量为1030.3元。在全国31个省份中列第22名,处于较低水平。比全国人均教育文化娱乐消费支出少了约12.04%。农村居民人均消费支出绝对量为9211.5元,在全国31个省份中列第24名,比全国人均消费支出少了约15.91%。由此可见,河南农村居民消费和教育文化娱乐消费水平都处于偏低的状态。

河南省下辖17个地级市、1个省辖县级行政单位、52个市辖区、20个县级市、85个县。各地市消费状况在文化消费总量、消费结构、消费文化方面具有较大的相似性。地区之间差异明显,有必要进行细化研究。本节将对地区之间居民的文化消费数量、人均文化消费占总消费、总收入和人均GDP的比例、文化消费结构、文化消费质量、文化消费动力机制进行比较分析。比较分析包括三个方面:当期消费的数据比较、历史消费的数据比较、城乡消费的数据比较。试图通过对历史数据的分析发现近年来地区间、城乡间文化消费变动的趋势并剖析趋势背后的原因。区域间消费增长率、边际消费倾向等消费发展因素的差别是否显示了消费者的需求特征、心理习惯和地区文化差异?各因素对文化消费的影响作用在不同的地区之间是否存在差异?

从2017年城乡消费水平对比数据(见表3-1)可以看出,河南省城市消费水平为农村居民的 2.5 倍，差距较为明显。从图中数据可以看出，城镇居民恩格尔系数最低的是兰考县，为 19.38%；第二低的是洛阳市，为 21.34%；第三低的是开封市，为 22.47%。城镇居民恩格尔系数最高的是新蔡县，为 37.56%；第二高的是信阳市，为 35.56%；第三名是永城市，为 34.55%。从教育及文化娱乐消费在城镇居民家庭消费支出中的占比数据来看，济源市是第一名，为 16.24%；兰考县是第二名，为 13.67%；巩义市是第三名，为 12.63%。最低的是新蔡县，为 6.94%；次低的是永城市，为 7.61%；第三名是固始县，为 7.97%。恩格尔系数越高，食品消费支出占总消费支出的比例越高，居民生活就越贫困。从数据中可以看出，城镇居民恩格尔系数最高的新蔡县和永城市，文化消费水平最低。固始县隶属于信阳地区，也属于恩格尔系数较高的地区。城镇居民恩格尔系数最低的兰考县，文化消费水平在全省排名第二。

表 3-1　2017 年河南省各市城镇居民家庭平均每人生活消费支出

直辖市或 省直管县	城镇居民家庭消费 支出（元）	恩格尔系数（%）	教育及文化娱乐 消费支出（元）	教育及文化 娱乐消费占比（%）
郑州市	24973	27.76	2780	11.13
开封市	21709	22.47	2345	10.80
洛阳市	23551	21.34	2947	12.51
平顶山市	18880	29.98	2057	10.90
安阳市	16604	28.17	1732	10.43
鹤壁市	16948	25.21	1890	11.15
新乡市	19986	27.57	2151	10.76
焦作市	21385	28.09	2362	11.05
濮阳市	18033	30.90	1816	10.07
许昌市	18238	31.24	2110	11.57
漯河市	20726	28.01	2236	10.79
三门峡市	20413	23.57	2182	10.69
南阳市	20742	32.73	2469	11.90
商丘市	16847	29.96	1548	9.19
信阳市	17614	35.56	1444	8.20
周口市	17214	33.61	1610	9.35
驻马店市	19476	26.04	1814	9.31

续表

直辖市或 省直管县	城镇居民家庭消费 支出（元）	恩格尔系数（%）	教育及文化娱乐 消费支出（元）	教育及文化 娱乐消费占比（%）
济源市	22198	22.80	3606	16.24
巩义市	20002	23.05	2526	12.63
兰考县	14847	19.38	2029	13.67
汝州市	17234	29.34	1618	9.39
滑县	15262	26.22	1719	11.26
长垣县	16089	24.15	1763	10.96
邓州市	22956	26.73	1868	8.14
永城市	17759	34.55	1351	7.61
固始县	18636	31.02	1485	7.97
鹿邑县	14284	29.26	1394	9.76
新蔡县	19016	37.56	1319	6.94

河南省居民平均恩格尔系数为26.85%，城镇居民平均恩格尔系数为26.71%，农村居民平均恩格尔系数为27.09%。全省文化教育娱乐消费占总消费支出的平均比例为11.36%，全省城镇文化教育娱乐消费占总消费支出的平均比例为11.46%，河南省城镇恩格尔系数最高的地区新蔡县比最低的地区兰考县高出约93.80%，差距较大。教育及文化娱乐消费在农村居民家庭消费支出中的占比数据差距也较为显著，最高的济源市城镇比最低的新蔡县城镇高出约134%。城镇之间的恩格尔系数差距比农村更极端。城镇文化消费呈现地区不平衡、不同收入人群不平衡的特点。

从2017年河南省城镇居民恩格尔系数和文化消费占消费支出的比例（见图3-13）可以看出，文化消费在总消费支出中所占比例基本与恩格尔系数负相关，即生活水平越低，文化消费支出就越少。收入仍然是制约文化消费增长的关键因素，各地市城镇居民之间的文化消费支出差异主要是由收入差异造成的。提高收入水平是提高文化消费支出总量的最有效途径。也说明，目前河南省各地市的城镇居民还处于不富裕的阶段，仍然不能完全按照自己的偏好来选择消费品种，还要极大程度地受到收入的制约。

从2017年河南省各地市农村居民家庭平均每人生活消费支出（见表3-2）可以看出，农村居民恩格尔系数最低的是洛阳市，为21.83%；第二低的是郑州市，为22.00%；第三低的是三门峡市，为23.06%。农村居民恩格尔系数最高的

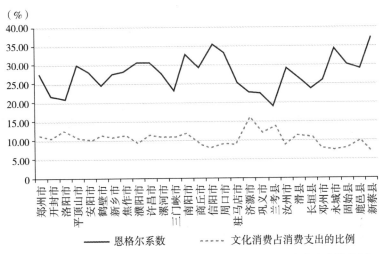

图 3-13 各省辖市城镇居民恩格尔系数和文化消费占消费支出的比例

（图例：—— 恩格尔系数 ----- 文化消费占消费支出的比例）

是固始县，为 37.34%；第二高的是永城市，为 36.64%；第三名是信阳市，为 36.45%。从教育及文化娱乐消费在农村居民家庭消费支出中的占比数据来看，新蔡县是第一名，为 14.44%；兰考县是第二名，为 13.63%；巩义市是第三名，为 13.59%。最低的是南阳市，为 5.80%；次低的是周口市，为 6.32%；第三名是汝州市，为 6.75%。恩格尔系数越高，食品消费支出占总消费支出的比例越高，居民生活就越贫困。河南省恩格尔系数最高的地区固始县比最低的地区洛阳市高出约 71.05%，差距较大。教育及文化娱乐消费在农村居民家庭消费支出中的占比数据差距也较为显著，最高的新蔡县比最低的南阳市高出约 149%，教育及文化娱乐消费所占比例差距比城镇更为极端，即文化消费在农村之间差异更为显著。

表 3-2 2017 年河南省各市农村居民家庭平均每人生活消费支出

直辖市或省直管县	农村居民家庭消费支出（元）	恩格尔系数（%）	教育及文化娱乐消费支出（元）	教育及文化娱乐消费占比（%）
郑州市	14849	22.00	1405	9.46
开封市	8671	24.08	1027	11.84
洛阳市	10356	21.83	945	9.13
平顶山市	6883	31.98	517	7.51
安阳市	9000	25.52	759	8.43
鹤壁市	10397	29.13	953	9.17

续表

直辖市或 省直管县	农村居民家庭消 费支出（元）	恩格尔系数（%）	教育及文化 娱乐消费支出（元）	教育及文化 娱乐消费占比（%）
新乡市	8656	29.67	904	10.44
焦作市	12196	28.39	1060	8.69
濮阳市	8138	30.77	940	11.55
许昌市	9571	29.89	946	9.88
漯河市	7854	30.02	639	8.14
三门峡市	9652	23.06	1103	11.43
南阳市	9076	36.10	526	5.80
商丘市	7420	32.59	769	10.36
信阳市	8972	36.45	879	9.80
周口市	7169	36.20	453	6.32
驻马店市	8704	31.54	882	10.13
济源市	11637	25.35	830	7.13
巩义市	10135	23.50	1377	13.59
兰考县	8866	30.33	1208	13.63
汝州市	6827	33.50	461	6.75
滑县	8420	27.47	1065	12.65
长垣县	9311	26.57	835	8.97
邓州市	9861	33.29	1177	11.94
永城市	10907	36.64	901	8.26
固始县	9710	37.34	777	8.00
鹿邑县	7068	31.73	453	6.41
新蔡县	9644	27.86	1393	14.44

　　从 2017 年河南省农村居民恩格尔系数和文化消费占消费支出的比例（见图 3-14）可以看出，文化消费在总消费支出中所占比例基本与恩格尔系数负相关，即生活水平越低，文化消费支出就越少。各地市农村居民之间的文化消费支出差异主要是由收入差异造成的。提高收入水平是提高文化消费支出总量的最有效途径。农村居民的收入水平要明显低于城镇居民，随之而来的，恩格尔系数普遍高于城镇居民，文化消费支出收入显著低于城镇居民。这说明，目前河南省各地市的农村居民处于比城镇居民更加贫穷的阶段，在各种消费类别上极大程度地受到收入的制约。文化消费作为一种精神消费和高层次消费，在农村并不普及，农村

居民的关注重点仍然是生存消费品类。

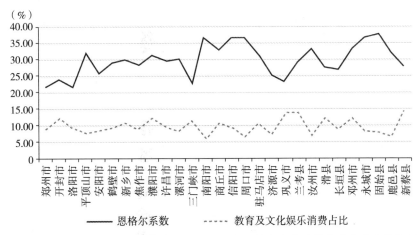

图 3-14 2017 年河南省各地市农村居民恩格尔系数和文化消费占消费支出的比例

从 2017 年河南省各地市文化产业供给差异（见表 3-3、图 3-15）可以看出，各省辖市或省直管县的教育产业增加值呈现显著的差异性（见图 3-15），教育产业增加值最高的是郑州市，为 263.35 亿元；最低的是长垣县，为 6.96 亿元，前者是后者的 37.84 倍，差异巨大。教育产业资源明显地向省辖市集中，而直管县的水平普遍较低。在省辖市中，排名第一的郑州市（263.35 亿元）是第二名洛阳市（142.05）的 1.85 倍，体现出了省会城市的教育产业发展远远领先于其他地市。排名第三的是南阳市，为 134.74 亿元。

表 3-3 2017 年河南省各地市文化产业供给差异

省辖市或省直管县	教育产业增加值（亿元）	教育产业增加值指数（%）	文化体育和娱乐业增加值（亿元）	文化体育和娱乐业增加值指数（%）
郑州市	263.35	109.6	104.18	116.0
开封市	65.62	102.9	23.22	118.5
洛阳市	142.05	114.1	61.62	114.7
平顶山市	58.09	109.6	26.62	114.8
安阳市	73.03	110.5	7.70	118.2
鹤壁市	24.28	106.3	2.46	123.1
新乡市	48.71	122.3	18.07	120.0

省辖市或 省直管县	教育产业增加值 （亿元）	教育产业 增加值指数（％）	文化体育和娱乐业增加值 （亿元）	文化体育和娱乐业 增加值指数（％）
焦作市	42.33	105.0	22.28	122.0
濮阳市	49.97	110.1	13.13	124.1
许昌市	73.26	107.9	20.02	120.8
漯河市	17.70	120.1	6.23	132.3
三门峡市	39.78	109.7	5.39	129.6
南阳市	134.74	108.5	16.33	116.9
商丘市	73.54	105.3	24.31	131.0
信阳市	89.40	113.6	16.10	113.6
周口市	84.32	107.4	15.96	121.3
驻马店市	76.41	115.7	25.80	125.5
济源市	11.68	108.4	3.70	116.8
巩义市	19.50	118.9	7.08	113.7
兰考县	13.80	105.1	3.76	132.9
汝州市	18.36	115.2	2.16	122.0
滑县	8.70	117.0	0.68	117.6
长垣县	6.96	112.7	2.78	125.2
邓州市	15.07	108.9	1.42	128.2
永城市	11.46	115.2	2.98	119.6
固始县	11.42	113.5	1.06	124.2
鹿邑县	9.97	106.7	2.32	143.4
新蔡县	7.67	115.4	1.93	120.0

　　从表3-3、图3-15还可以看出，文化体育和娱乐业增加值最高的是郑州市，为104.18亿元；最低的是滑县，为0.68亿元，前者是后者的153.21倍，差异巨大。文化体育和娱乐业增加值超过10亿元以上的只有13个地区，分别是郑州市、洛阳市、开封市、平顶山市、新乡市、焦作市、濮阳市、许昌市、南阳市、商丘市、信阳市、周口市、驻马店市，15个地区在10亿元以下，甚至11个地区在5亿元以下，文化体育和娱乐业增长严重不足。文化体育和娱乐业增长过低的

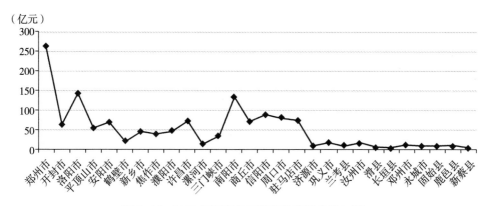

图 3-15　2017 年河南省各地市教育产业增加值

状况严重制约了文化消费的发展。缺乏合适的文化产品服务，难以满足消费者的文化需求，文化消费增长就无从谈起。企业无法扩大再生产，也会导致企业年利润额下降，从而生产积极性不高，缺乏动力改良产品，造成文化消费低迷、文化产业发展不足的恶性循环。

　　从图 3-16 可以看出，文化体育娱乐产业资源明显地向省会城市集中，排名第一的郑州市（104.18 亿元）是第二名洛阳市（61.62 亿元）的 1.69 倍，是第三名平顶山市（26.62 亿元）的 3.91 倍。体现出了省会城市的文化体育娱乐产业的增长远远领先于其他地市。

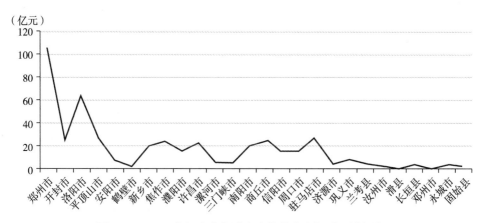

图 3-16　2017 年河南省各地市文化体育和娱乐业增加值

2017 年各地市旅游业基本情况如表 3-4 所示。

表3-4　2017年河南省各地市旅游业基本情况

直辖市或 省直管县	接待入境游客人数 （人次）	旅游创汇收入 （万美元）	国内旅游总人次数 （万人次）	国内旅游总花费 （亿元）
郑州市	546936	20919	11168	1193.12
开封市	309000	12088	6159	478.10
洛阳市	1332801	39930	12300	1017.00
平顶山市	29876	899	4235	218.60
安阳市	73500	1748	4736	435.86
鹤壁市	9002	267	2142	98.70
新乡市	48242	976	3591	253.93
焦作市	373105	9470	4659	372.99
濮阳市	20262	140	1318	23.81
许昌市	4611	238	2109	107.10
漯河市	9518	256	589	41.60
三门峡市	102606	2564	295.02	295.02
南阳市	50178	1343	280.30	280.30
商丘市	8605	269	29.74	29.74
信阳市	24777	541	198.80	198.80
周口市	70632	1710	114.64	114.64
驻马店市	47065	4613	184.56	184.56
济源市	12487	211	55.80	55.80

　　从再结合图3-17和图3-18可以看出，接待入境游客人数最多的地区有五个：第一名洛阳市，为1332801人次；第二名郑州市，为546936人次；第三名焦作市，为373105人次；第四名开封市，为309000人次；第五名三门峡市，为102606人次。剩余13个地市均在10万人次以下，10个地市在5万人次以下，1万人次以下的仍然有4个地区，最少的许昌市为4611人次。第一名洛阳市的接待入境游客人数为最后一名许昌市的289倍，差距十分巨大。旅游创汇收入较高的地区有：第一名洛阳市，为39930万美元；第二名郑州市，为20919万美元；第三名开封市，为12088万美元。其余15个地区均在1万美元以下，有9个地区在1000万美元以下，最低的濮阳市为140万美元。第一名洛阳市的旅游创汇收入为最后一名濮阳市的285倍。

　　从图3-19可知，国内旅游总人次数较高的地区有：第一名洛阳市，为12300万人次；第二名郑州市，为11168万人次，其余16个地区均在1万人次以

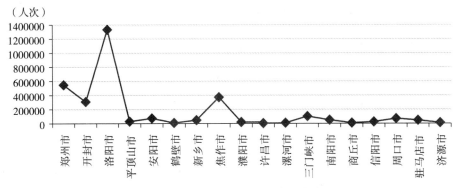

图 3-17 2017 年河南省各地市接待入境游客人数

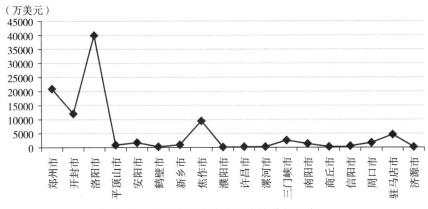

图 3-18 2017 年河南省各地市旅游创汇收入

下，有 15 个地区在 5000 万人次以下，有 8 个地区在 1000 万人次以下，最低的商丘市为 29.74 万人次。第一名洛阳市的国内旅游总人次数为最后一名商丘市的 413.58 倍，差异巨大。

从图 3-20 可知，国内旅游总花费较高的地区有：第一名郑州市，为 1193.12 亿元；第二名洛阳市，为 1017.00 亿元，其余 16 个地区均在 500 亿元以下，有 5 个地区在 100 亿元以下，最低的濮阳市为 23.81 亿元。第一名郑州市的国内旅游总花费为最后一名濮阳市的 50.11 倍。

接待入境游客人数和国内旅游总人数均跟当地的自然景观有重大相关性，良好的自然景观是当地旅游业发展的优势环境。除此之外，"文化+" 的旅游创新模式、卫生服务水平、旅游景区的开发利用也是影响一个地市旅游业发展的重要因素。旅游创汇收入和国内旅游总花费除了受到旅游总人数的影响之外，还受到当地物价水平、旅游配套服务业产品供给的影响。郑州市、洛阳市、焦作市、开封市、平顶山市的旅游景区发展较好，旅游收入较高。

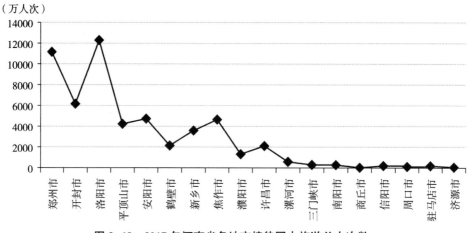

图 3-19　2017 年河南省各地市接待国内旅游总人次数

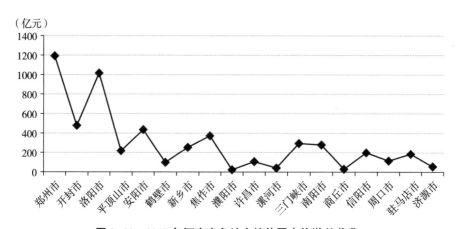

图 3-20　2017 年河南省各地市接待国内旅游总花费

　　就文化产业供给的具体项目（见表 3-5）来说，郑州市文化及相关产业规模以上文化服务业企业营业收入最高，为 2334522 万元；邓州市最少，为 2718 万元，两者差距 858.91 倍。郑州作为河南省的省会，在营业收入和企业利润总额上拥有绝对的优势，洛阳市的文化企业营业收入也超过了百亿元，达到 1143226 万元。而其他地市均在百亿元以下。省直管县均在亿元级别。从文化及相关产业规模以上文化服务业企业利润总额来看，只有郑州市达到了十亿级别，为 220620 万元，最低的为邓州市，为 -65 万元，差异十分巨大。从 2017 年公共图书馆数量来看，由图 3-21 可知，各省辖市普遍较多，而各省直管县均只拥有一个图书馆。拥有公共图书馆数量最多的是洛阳市，为 17 个。第二名是郑州市，为 13 个；第三名是南阳市，为 12 个；第四名为新乡市、信阳市、周口市，均为 11

个。从公共图书馆总藏量来看，由图3-22可知，各省直管县仍然处于极低的水平。各省辖市之间差异明显，但总体水平均显著高于省直管县。公共图书馆总藏量排名第一的仍然是郑州市，为315万册；第二名是洛阳市，为282.69万册；第三名是南阳市，为188.32万册；最后一名是鹿邑县，为4.80万册。总藏量最高的郑州市藏书量是最低的鹿邑县的65.63倍。各地市应当加大公关图书馆建设投入，尤其是省直管市，应当高度重视公共图书馆的建设数量和藏书量，为当地居民创造良好的文化环境，既有利于提高人民素质，也能够培养居民的文化消费习惯。

表3-5 河南省各地市文化服务业企业概况

省辖市或省直管县	文化及相关产业规模以上文化服务业企业营业收入（万元）	文化及相关产业规模以上文化服务业企业利润总额（万元）	公共图书馆数量（个）	公共图书馆总藏量（万册）
郑州市	2334522	220620	13	315
开封市	285759	73973	6	111.37
洛阳市	1143226	54042	17	282.69
平顶山市	296214	45956	9	179.39
安阳市	36137	1829	7	131.29
鹤壁市	70580	17607	5	64.46
新乡市	84079	8706	11	145.75
焦作市	113966	23360	8	144.94
濮阳市	80377	12207	7	107.66
许昌市	267104	49280	7	120.85
漯河市	16389	2440	5	60.08
三门峡市	34697	3676	7	154.20
南阳市	172944	24417	12	188.32
商丘市	267663	69436	9	99.68
信阳市	323740	55467	11	130.21
周口市	304580	66680	11	97.72
驻马店市	204676	52820	10	84.74

续表

省辖市或 省直管县	文化及相关产业规模以上 文化服务业企业营业 收入（万元）	文化及相关产业规模以 上文化服务业企业利润 总额（万元）	公共图书 馆数量 （个）	公共图书 馆总藏量 （万册）
济源市	30938	5738	1	58.61
巩义市	25187	2898	1	22.52
兰考县	53180	20208	1	12.80
汝州市	88353	13090	1	12.61
滑县	10890	124	1	8.49
长垣县	15394	2605	1	8.80
邓州市	2718	-65	1	12.27
永城市	29632	5008	1	23.76
固始县	27583	3289	1	12.52
鹿邑县	44592	10492	1	4.80
新蔡县	20024	7260	1	5.17

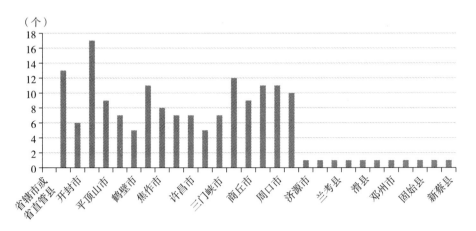

图 3-21 河南省各地市公共图书馆数量

就图书消费供给而言，如表 3-6 所示，郑州市拥有最多的发行机构数目，共 1489 处。济源市发行机构数目最少，只有 52 处，两者差距 28.63 倍。郑州作为河南省的省会，在数量上拥有绝对的优势，而其他地市除了洛阳、商丘、南阳外，整体数量偏低，有七个地市发行机构合计不到 100 处。省直管县明显比省辖

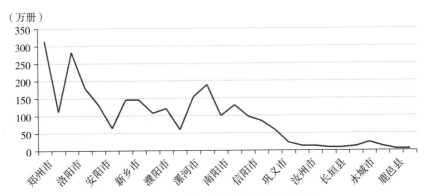

（万册）

图3-22　河南省各地市公共图书馆总藏量

市发行机构少得多。国有书店及国有发行点从业人数南阳市最高，为1763人，最低的是新蔡县，为50人，两者差距35.26倍。从广播覆盖率百分比来看，开封市、鹤壁市、许昌市、漯河市、商丘市、兰考县、汝州市、滑县、长垣县、邓州市、永城市、鹿邑县、新蔡县均达到了100%，其他地区接近100%。从电视覆盖率百分比来看，开封市、鹤壁市、许昌市、漯河市、商丘市、巩义市、兰考县、滑县、长垣县、邓州市、永城市、鹿邑县、新蔡县均达到了100%。其他地区接近100%，各类健身场地设施数许昌市最多，为1438个；最少的是济源市，只有56个，两者差距为25.67倍。

广播和电视是城镇农村居民获取新闻和社会信息的主要途径，从表3-6来看，基本覆盖率均达到或接近100%，能够基本保障居民的文化精神需求。各地市的发行机构数目、国有书店及国有发行点从业人数与健身场地设施数均差异明显。总体来说，省辖市平均水平要远远高于省直管县平均水平。郑州市作为省会，各项指标处于最优或较优，济源市各项指标均处于最低或较低水平。省直管县的发行机构数目、从业人数严重不足，制约了当地人民的文化消费发展。数据较低的地市政府应当加大财政投入，增加发行机构数量，为满足当地人民的文化需求提供物质保障。

表3-6　河南省各地市发行机构、广播、电视、健身场地设施概况

省辖市或省直管县	发行机构合计（处）	国有书店及国有发行点从业人数（人）	广播覆盖率（%）	电视覆盖率（%）	各类健身场地设施数（个）	村级农民体育健身场所（个）
郑州市	1489	1212	99.48	99.81	598	326
开封市	320	838	100.00	100.00	252	200

续表

省辖市或 省直管县	发行机 构合计 （处）	国有书店及国有 发行点从业人数 （人）	广播覆盖率 （%）	电视覆盖率 （%）	各类健身场 地设施数 （个）	村级农民体 育健身场所 （个）
洛阳市	613	751	97.53	97.97	721	410
平顶山市	238	814	98.88	97.81	407	248
安阳市	419	637	100.00	99.69	593	486
鹤壁市	127	130	100.00	100.00	156	100
新乡市	411	769	99.95	99.80	326	96
焦作市	203	438	99.76	99.09	297	146
濮阳市	302	236	96.71	97.46	197	175
许昌市	182	413	100.00	100.00	1438	470
漯河市	131	196	100.00	100.00	637	300
三门峡市	160	264	97.38	97.90	258	160
南阳市	510	1763	96.73	96.76	373	275
商丘市	567	1255	100.00	100.00	457	301
信阳市	311	876	95.36	97.59	563	230
周口市	165	997	98.55	99.53	623	508
驻马店市	280	869	99.44	98.87	168	61
济源市	52	66	99.06	99.27	56	50
巩义市	245	193	97.02	100.00		
兰考县	64	57	100.00	100.00		
汝州市	98	95	100.00	99.76		
滑县	68	63	100.00	100.00		
长垣县	81	75	100.00	100.00		
邓州市	189	186	100.00	100.00		
永城市	161	150	100.00	100.00		
固始县	103	102	93.44	98.95		
鹿邑县	75	72	100.00	100.00		
新蔡县	63	50	100.00	100.00		

各类健身场地设施是居民闲暇之余能够进行体育锻炼的重要物质保障，体现了城市的福利和人民生活水平的高低。从表3-6可以看出，许昌市具有最多的健身场地设施数目，为1438个，而最低的济源市仅有健身场地设施56个，两相差

25.67 倍。健身设施不能充分满足市民需要，市民只好采用付费的方式去健身房或体育馆等进行体育消费，或者压抑其消费需求，从而不利于居民美好生活水平的提高。

具体到村级农民体育健身场所的个数，周口市最多，拥有 508 处；济源市仍然是最少的，只有 50 个。农村基础设施较差，体育健身场所可以极大地丰富农村居民的精神文化生活，培养居民的良好生活习惯。对于体育健身设备缺乏的地市如济源市、驻马店市、新乡市来说，政府应当加大财政投入或引进社会资本投入，提高对居民体育消费生活的重视，提高体育健身场所建设的数量和质量，为满足当地居民更好的文化生活需要提供基本保障。

3.5　文化消费地区差异成因分析

基于以上数据分析，本书认为，河南省各省辖市和省直管县在文化消费绝对总量、文化消费占消费支出比例、文化消费占可支配收入比例、文化产业增加值、文化消费基础设施各方面均存在显著的差异。文化消费地区差异的主要原因有以下几点：

3.5.1　文化消费地区差异的成因

（1）消费与收入正相关，河南省经济发展和人民收入水平存在地区差异。2018 年，河南省经济保持总体平稳、稳中有进的发展态势。2018 年河南省生产总值达 48055.86 亿元，同比增长 7.6%。商丘、许昌等 15 个省辖市 GDP 增速"跑赢"全国。但是，各地市的 GDP 发展并不均衡，差异明显。如表 3-7 所示，地区生产总值最高的郑州市为 10143.3 亿元，最低的济源市为 641.84 亿元，前者是后者的 15.80 倍。各地市的地区生产总值增速差距不是很大，这就意味着，如果维持这样的发展速度，各地市 GDP 之间的差距将长期存在。省会郑州在文化消费绝对总量、文化消费占消费支出比例、文化消费占可支配收入比例、文化产业增加值、文化消费基础设施各方面都处于最优或者较优的绝对地位，这一方面源于政府的支持，另一方面源于郑州市 GDP 总量在河南省内的绝对优势地位。作为河南省省会的郑州，2018 年经济总量在全省经济总量中的占比已经超过两成，GDP 首破万亿元大关，成功晋级"万亿俱乐部"。郑州市是绝对的政治经济文化中心，文化消费能力也远远大于其他地市。如 GDP 排名第二的洛阳市国内生产总值为 4640.78 亿元，尚不足郑州市的一半。

洛阳市由于其得天独厚的自然景观和历史人文景观，旅游消费十分喜人。在文化消费绝对总量、文化消费占消费支出比例、文化消费占可支配收入比例、文化产业增加值、文化消费基础设施各方面也处于最优或者较优的地位。而地区生产总值最低的济源市，在发行机构数目、健身场地设置数目上排名最后，很大程度上是由于经济落后，济源市政府在文化基础设施的建设上投入较少。

表 3-7　2018 年河南省各地市 GDP 总量、排名、增速和增速排名

地区	GDP（亿元）	总量排名	增速（%）	增速排名
郑州	10143.3	1	8.1	7
洛阳	4640.78	2	7.9	9
南阳	3566.77	3	7.2	12
许昌	2830.62	4	8.6	2
周口	2687.22	5	8.2	6
新乡	2526.55	6	7.1	13
安阳	2393.22	7	6.7	15
商丘	2389.04	8	8.7	1
信阳	2387.8	9	8.3	4
焦作	2371.5	10	6.3	16
驻马店	2370.32	11	8.5	3
平顶山	2135.23	12	7.5	11
开封	2002.23	13	7	14
濮阳	1654.47	14	5.8	18
三门峡	1528.12	15	8	8
漯河	1236.66	16	7.7	10
鹤壁	861.9	17	5.9	17
济源	641.84	18	8.3	4
河南省	48055.86		7.6	

资料来源：《河南省统计年鉴》。

（2）消费者文化素养、教育程度存在差异。河南省是人口大省，然而教育资源十分短缺，全省只有一所"211"大学。这使得成绩优秀的高考生往往考到北上广或者其他城市去攻读著名大学，毕业后又留在当地。河南省人才流失现象非常严重。教育资源的缺乏严重影响了人口素质的提高，从而间接阻碍了文化消费的质量、结构和数量的提升。全省 2015 年末总人口为 10722 万，常住人口

9480 万。全省常住人口中，具有大学（指大专以上）教育程度人口只有 639 万，占比 6.74%；具有高中（含中专）教育程度人口为 1394 万，占比 14.7%；具有初中教育程度人口为 3806 万，占比 40.1%；具有小学教育程度人口为 2351 万，占比 24.7%。

由于高考竞争的激烈性和就业的困难，河南省居民的总消费支出中很大一部分投入到了教育产品上。从孩子出生后的早教投资，到国际双语幼儿园，到上学后各种各样的辅导班，再到大学研究生阶段的出国留学消费等，教育费用所占总支出比例等同于甚至超出房产消费，占据了居民生活消费的第一位。如此沉重的教育经费支出会对文化娱乐消费产生严重的"挤出"效应，造成文化消费结构失衡、文化娱乐消费总量偏低。

郑州市作为省会城市，拥有最好的文化社会资源，因而成了河南人民在河南省首选的居住地。郑州市拥有河南省唯一一所"211 大学"——郑州大学，拥有最多数量的高校和教育机构。这使得全省其他地市居民通过求学、求职等途径向郑州集聚。高学历高素质人才的涌入助推了郑州文化消费等各项消费支出的增长。而各省直管县由于人才的流出对各项消费支出总量都产生不利影响，尤其是与消费者学历、素质、文化修养息息相关的文化消费。

（3）政府对文化基础设施建设的投入存在差异。从公共图书馆数量、公共图书馆藏书量、发行机构数量、国有书店及国有发行点从业人数、城镇和农村各类健身设施数量上可以看出，各省辖市和各省直管县存在很大的差异。省辖市各项指标水平要远远高于省直管县，这说明省直管县对于文化体育基础设施的建设投入较少，不够重视，现有的文化产品服务已经不能满足人民群众日益增长的美好需要，严重制约了居民精神生活的满足和文化素质的提高。

政府对当地居民思想文化的宣传引领也是一个提升文化消费的有效因素。文化消费意识是决定文化消费行为的重要变量之一。我国传统消费观念对现代消费仍然存在着很大的影响作用。部分消费者还没能够意识到精神消费的重要性，对于能看到实体产品的消费更为青睐。我国传统文化中勤俭节约、克制欲望等意识形态的存在让部分消费者对享受型消费有一定的内疚感，从而抑制了享受型文化消费的发展。政府和企业可以加大对文化消费的宣传力度，强调文化消费对人民精神文化层次、知识素养、鉴赏能力等方面的提升作用，将享受型消费转化为人力资本的投资型消费，来提高消费者对此类消费的接受程度，同时宣传心理健康的重要性，号召消费者共同享受精神食粮，提高主观幸福感，创造美好生活。

3.5.2　解决地区差异的途径

各地市文化消费各类指标的差异会导致文化消费结构失衡。文化消费水平较低的地市人民精神文化需求难以得到满足，居民素质无法得到迅速提高，而人力资本会影响当地经济发展、社会生活等，长此以往，这种差异会继续加大，对居民主观幸福感、社会和谐、共同富裕各方面产生负面影响。本书认为，解决河南省文化消费地区差异的途径有以下几点：

（1）提高居民收入水平，完善社会保障制度。从表3-8可以看出，人均可支配收入越高，人均消费支出越高，人均文化消费支出的绝对金额也越高。人均可支配收入最高的城市为郑州市，同时也是人均消费支出最高、人均文化消费支出第三名的城市。人均可支配收入最低的城市为周口市（16761元），该市的人均消费支出倒数第二，人均文化消费支出倒数第三。这说明，收入水平的上升会促进绝对消费数量的提升和消费结构升级，收入对人均文化消费支出总额具有决定作用。社会保障制度的完善能够将收入更多地转化为人均可支配收入，将收入数字变为具有消费能力的可流动资金，对人均文化消费支出有直接的正向预测作用。同时，人民生活水平的提高会导致恩格尔系数的降低，也会将消费支出部分更多地倾斜向高层次消费，这不仅响应了我国消费升级的号召，也使人民获得更多精神上的成长和进步。

表3-8　2018年河南省各地市人均GDP、可支配收入、消费支出、文化消费支出

单位：元

城市	人均GDP	人均可支配收入	人均消费支出	人均文化消费支出
郑州	101352	33105	26256	2917
开封	43933	19985	21770	2068
洛阳	67707	24882	25115	3060
平顶山	42587	22153	20311	1935
安阳	46443	22825	17958	2245
鹤壁	53084	24093	19187	1689
新乡市	43696	22596	19458	2311
焦作市	66329	24890	23290	2554
濮阳市	45644	19802	19553	1993
许昌市	63988	23821	19117	1876
漯河市	46532	22589	22731	2168
三门峡市	67275	21953	20949	2491
南阳市	35555	20824	22877	2325
商丘市	32670	18387	17713	2130

续表

城市	人均GDP	人均可支配收入	人均消费支出	人均文化消费支出
信阳市	36951	19156	18818	1443
周口市	30821	16761	17934	1795
驻马店市	33773	17991	20997	2052
济源市	87761	26808	23014	3692

（2）完善文化消费基础设施建设。文化鉴赏素质是一种可以培养的能力。公共文化基础设施的建设对于培养人民群众的文化消费习惯、提高居民文化消费素质具有良好的示范作用。而更好的文化消费习惯和更高的文化消费素质会导致更频繁的文化消费行为和更多的文化消费支出。同时也会助推文化产业的发展升级。因而，政府对公共基础文化设施的投入既能够带动消费，又能够促使产业发展壮大。

从短期来看，这种效果不明显。因为人民生活习惯的养成和文化素养的提高需要一个长期的过程。而人均可支配收入对消费支出的影响是立竿见影的。如济源市人均可支配收入水平较高，虽然其文化基础设施建设最差，但仍然保持了较高的人均文化消费支出水平。然而，从长期来看，持续的文化基础设施建设和维护投入以及文化消费思想宣传对于消费和产业升级的正面影响会逐渐显现出来。

（3）建立完善的基层社区文化活动组织机构及服务体系。政府部门应当注重民间文化组织的建设，鼓励发展不同类型的文化协会、文化俱乐部等基层组织。为了尽可能地吸引社会成员参与到文化消费活动中来，各文化组织可以在政府的带领下规范化、常态化地开展各项文化活动，促进居民的文化消费行为，从而提高整个河南省的文化消费水平。组织在有计划地开展活动的过程中，也会对文化消费的类型进行合理引导，还能起到改善大众文化消费类别、促进消费升级的作用。

（4）房住不炒基本政策的贯彻执行。买房支出和租房支出占据了居民生活消费支出的重要部分。如果房价较高，居住支出对其他消费行为将产生挤出效应。如图3-23所示，郑州2019年上半年商品住宅销售均价为14013元/平方米，比第二名南阳高出63.95%，比最后一名三门峡高出161%，这极大地制约了郑州市民的文化消费增长速度。政府应坚持房住不炒基本政策的贯彻执行，这样居民才能将增加的人均可支配收入用于其他各项消费。河南省其他地区的住房均价未到万元，说明文化消费还有很大的提升空间，应采取各种措施引导和促进文化消费的快速增长。

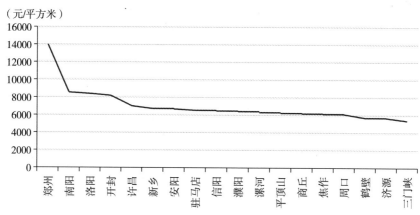

图 3-23　2019 年上半年河南省 18 个地市商品住宅销售均价排行榜

3.6　河南省文化消费效能研究

大众文化消费效能分为经济效能和社会效能。经济效能包括拉动经济增长、调整经济结构、促进产业升级、提高资源配置效率、转变经济发展方式等；社会效能包括大众层面的如促进居民生活方式和消费模式转变、提高国民素质、满足居民精神心理文化需要、提升大众主观幸福感等，国家层面的如缓解资源环境约束、激发国民文化生产力、提升国家文化影响力、树立传播社会主义核心价值观等。大众文化消费行为模式不同，其对社会及消费者自身的影响效应也可能不同。文化消费的效能包括以下几部分：

3.6.1　对文化建设的作用

当前国际形势正处于大发展、大变革、大调整时期，中美贸易摩擦愈演愈烈，文化的优越性和吸引力已经成为国家之间重要的竞争优势。搞好我国文化建设、发扬中华民族传统文化的优势，是提高我国世界地位和影响力的重要途径。弘扬社会主义价值观体系，对于抵制资本主义价值观、扩大全球社会主义阵营影响力有着巨大的贡献。

文化消费对于产品和服务背后的文化传播起着潜移默化的作用。当外国人民在电影院里欣赏中国电影的时候，中国的儒家文化、少林武功、宗教礼仪等文化元素逐渐被当地人民所熟悉和认可。当莫言的《红高粱》获得诺贝尔文学奖的时候，西方兴起对中国小说的阅读潮流，几千年来的中国历史文化对西方人民揭开了自己的神秘面纱。当老外们争先恐后地来中国观光旅游的时候，"上有天堂，下有苏杭""不到长城非好汉""天下武功出少林""桂林山水甲天下""五岳归来不看山，黄山归来不看岳"等中国谚语、古诗词一定会让他们耳目一新，景点当地的风土人情、习俗礼仪会成为他们旅游过程中最好的收获。当游客们回到自己的国度，很多人会饶有兴趣地去阅读和观看有关中国文化的作品，不但自己研究，而且会协助传播中国文化、中国历史、中国思想和价值观。

3.6.2　对经济建设的影响

（1）对 GDP 的影响。在国家一系列扩大内需的政策领导下，国内消费增长显著。2018 年，最终消费支出对 GDP 增长的贡献率为 76.2%，比 2017 年提高 18.6 个百分点，高于资本形成总额 43.8 个百分点。投资、消费、进出口这"三驾马车"中，消费已经成为经济增长的主要动力。全国居民恩格尔系数为 28.4%，比 2017 年下降 0.9%。民生银行研究院认为，2019 年我国国内消费对 GDP 增长的贡献率可能超过 80%。已有的研究表明，消费推动经济增长主要是通过消费升级带动产业结构和投资结构的优化升级而实现的。在消费的种类中，以文教娱乐、交通通信、医疗保健为主的服务性消费占比为 44.2%，比 2017 年提高 1.6 个百分点，呈现出显著的上升趋势。这说明我国消费升级取得了一定的进展，人民群众的消费导向已经由生存型消费向享受型消费转变。消费者对产品和服务的选择引领作用可倒逼企业转型，带动加快第三产业的发展，进而推动国民经济增长。

（2）产业转型与升级。党和政府高度重视文化产业，党的十八大报告提出到 2020 年要使文化产业成为国民经济的支柱性产业，"十三五"规划提出了"推动文化创意产业发展，促进文化产业集聚"等助力文化产业发展的新政策。2015 年，李克强总理提倡以消费升级促进产业升级，围绕消费新需求创新消费品等相关产业和服务供给，丰富群众生活。

文化消费和文化产业互相促进、相辅相成。文化产业的创新提供了更多能够满足需求的优质产品，会直接改变居民文化消费的观念、习惯和模式，为消费升级带来更多的机遇。因此，技术革命、新产品开发、分销渠道创新改变了文化产业，也从供给侧影响了文化消费。目前，我国文化产业尚处于发展阶段，2017 年全国文化及相关产业增加值为 34722 亿元，占 GDP 的比重为 4.2%，虽然比 2016 年提高了 0.06 个百分点，但是离国家支柱产业的要求还有较大差距。从数量上，我国文化产业还有较大发展空间。从质量上来看，我国文化产品多以对国外的模仿、重复为主，缺少自己的知名品牌和精品，对传统文化的开发传承远远不够，这导致大量的文化产品和服务与消费者需求不对接，处于供大于求的尴尬地位，大量生产设备过剩闲置，而同期消费者精神需求却得不到满足，只能"崇洋媚外"，成为发达国家文化的推崇者和粉丝，要改变这种状况，依靠的是内容创新、产业创新和模式创新。

目前河南省虽然文化产业的发展势头较好，但是文化产业总量及文化企业规模仍然较小，缺乏河南精神代表性的文化产业企业龙头。如图 3-24、图 3-25 所示，2018 年，河南省文化及相关产业增加值为 2142.51 亿元，仅占 GDP 的 4.29%，离支柱产业的要求还有较大差距。虽然近年来，该比重一直保持上升趋势，但跟文化产业发达地区相比，发展仍然不足。同期全国文化及相关产业增加值为 41171 亿元，占 GDP 的比重为 4.48%，河南省仍略低于全国平均水平。

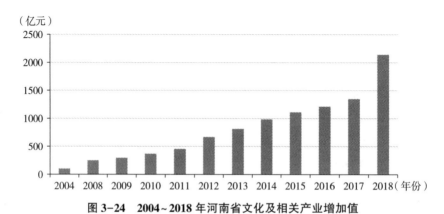

图 3-24 2004~2018 年河南省文化及相关产业增加值

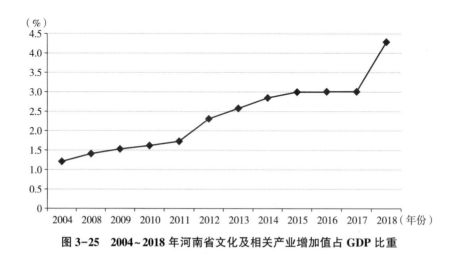

图 3-25 2004~2018 年河南省文化及相关产业增加值占 GDP 比重

2018 年河南省文化及相关产业规模以上企业实现营业收入 2277.0583 亿元，

利润总额 211.3652 亿元，离发达地区还有较大差距。如同期浙江省的文化及相关产业规模以上企业实现营业收入为 10091 亿元。除此之外，河南省文化产业行业结构发展不平衡，2018 年，文化及相关产业增加值构成中，文化制造业占据 26.6%，比上年大幅下降；文化服务业占据 59.5%，比上年大幅上升；而文化批发和零售业只占据 14.0%，发展严重不足。

河南省缺乏文化产业的领军企业，缺乏具有地方代表性的本土文化名牌企业。文化消费的提升能够产生激活文化产业发展的动力，让消费者用货币投票，引导企业投资和建设那些能够满足消费者需求的文化产品和服务设施，一方面减少重复建设和资源浪费，另一方面能够多层次地、精准地满足消费者不同类别的精神文化需求。因此，文化消费的发展能够促进文化产业提升，从数量上，可以激活文化产业的发展壮大；从质量上，能够提高文化产品供给的品质；从结构上，可以自发地调整产业结构，优化升级。如近年来，国产电影中出现了一些佳作《流浪地球》《战狼》《哪吒之魔童降世》《大圣归来》等。电影人惊喜地发现，原来消费者并不是只喜欢美国大片，原来成年人也喜欢动画片，好的作品能够发掘和满足消费者的潜在需求，创造出更大的利润空间。标杆式的成功模式会引来很多的公司和制片人进行模仿、学习和创新，促进国产动漫和国产电影的产业崛起。

文化消费数量的增加、结构的优化和质量的提高能够推动产业结构升级从而带动经济高质量增长。国外学者从各个方面研究了文化消费对经济增长的影响，比如教育消费影响经济发展的两条路径：提高人力资本（Mamoona & Murshed）、科技创新能力和提升国外技术的溢出效应（Benhabib & Spiegel）。旅游消费对经济增长能够起到重要的推动作用，但主要表现在短期方面，中长期并不显著和稳健（Bourgeon-Renault、Pablo-Romero & Molina）。国内学者普遍认为文化消费能够通过优化产业结构、扩大内需、拉动其他产业融合发展等途径促进经济发展。

文化消费对经济增长的间接推动作用存在地区差异，东部地区和中部地区的推动作用较强，西部地区较弱。这是由两个原因造成的：一是东部地区居民收入水平较高，对应了更高的文化消费水平，对经济增长的推动作用也最显著。二是我国大部分文化企业位于东部地区，文化产业及相关产业的发展通过推动产业结构升级进而促进了经济增长。

（3）对消费的影响。当今世界处于大发展、大变革、大调整时期，中美贸易摩擦持续升级，造成中国净出口量大幅下降，相关企业利润减少或者亏损。就政府层面来说，为了缓解经济下行的压力，需要充分发挥消费拉动经济增长的引擎作用。因此，国内应加快消费升级步伐，提高消费对 GDP 的贡献力度。文化消费的发展将会倒逼企业升级转型、政府健全相关法律法规，能为经济转型升级提供新动能。从企业层面来说，文化消费企业投资大，面对贸易冲击时，利润很快会被摊薄甚至发生亏损，抗风险能力较差，需要政府部门的扶持和补贴。从居民层面来说，中美贸易摩擦将会对中美双方居民福利造成不利影响，而世界其他国家和地区居民福利均会不同程度上升，出现正的外部性（郭晴、陈伟光，2019）。政府需要提高居民福利以弥补贸易争端带来的消极影响。文化消费能够提升居民主观幸福感和国民幸福指数，有利于显示社会主义制度优越性，增强人民自豪感和忠诚度。

中国人民大学发布的文化消费指数（2017）显示，95后00前的青少年对文化消费的需求最旺盛，实际发生的文化消费支出也最多，已经成为文化消费的主力军。文化消费升级能够更好地满足这一部分主流消费者，带动文化衍生品的消费。"文化+"的模式与旅游、产品等结合，可以带动其他类别产品和服务的销售。文化消费能够促进人力资本和社会资本的提升，进而实现收入增长和群体上迁，带来更多消费的增长。文化消费的提升有助于消费升级的实现。目前，我国居民文化消费需求旺盛，高质量的文化产品供不应求。

（4）对社会人力资本的影响。人力资本是"储存于人类自身的教育、技能、文化和知识的存量"。文化消费因为其特殊性，需要消费者自身具备相匹配产品的知识储备、理解能力、鉴赏能力、文化底蕴，在消费过程中，消费者的人力资本与文化消费产品进行互动，消费者同时获得精神上的享受和对产品内容的理解认可挖掘。因而，人力资本越高的消费者，对文化产品拥有越高的选择空间，不仅可以享受更多种类的文化产品和服务，也能够在文化产品中获得更多精神情绪收益，从而更有可能进行持续性的文化消费或文化消费升级。

文化消费能够促进人力资本和文化资本的形成，当消费者具备更高的鉴赏水平、形成文化消费兴趣爱好的时候，他会进一步形成持续性文化消费行为。当文化产品创意者具备更好的人力资本和文化资本的时候，他会创造出更多更符合国民消费方向的作品，从而优化供给侧产品质量，促进文化消费总量的增长。当消费者和文化产品创意者同时具备更好的人力资本和文化资本的时候，能够有效提高其收入水平，从而通过提高消费支出间接提高各项消费，包括文化消费，也可能由于收入水平的提高进行消费升级，从而提高文化消费的支出水平以及文化消费在个人总消费支出中的比重。

国内外现有研究已经表明教育水平与该消费者文化消费水平呈正相关。Eijck、Coulangeon、Escardíbul 和 Montoro-Pons 等学者的理论分析和实证研究揭示教育水平对文化消费的影响具有侧重性，低教育水平对文化消费有阻碍作用，教育层次越高，文化消费活动参与的频率越高，且高教育水平人群更倾向于增加发展性文化消费的比重，如阅读、音乐会等，低教育水平消费者即使选择文化消费也往往选择享乐型消费，如打麻将、看电视等。教育水平对文化消费的作用是通过提高消费者人力资本的路径来实现的，因而无论是通过社会教育培训还是通过文化消费的互动，人力资本的提高对文化消费的影响都是正向的，不仅有数量的提升，还有结构的优化，即会增加发展型文化消费的比重，提升文化消费质量和满意度。

收入对文化消费的正向作用已经得到了学术界的认可。收入总量的增加会提高各项消费支出的数量。当收入增量达到一定程度，会引发消费者的消费升级，即提高高层次消费的比例，降低恩格尔系数。文化消费属于精神消费，能够陶冶情操、愉悦身心、激发审美能力和进取精神，增强个人归属感、安全感和满足感，促进人的自我实现，是高层次消费形态。当消费者收入持续提升的时候，势必为增加文化消费所占比例，从而使文化消费数量和比例都得到提高。因此，文化消费能够提升居民的人力资本，而导致居民收入增加，收入增加会进一步提高居民文化消费支出，从而继续推动人力资本提高。这是一个良性循环链，伴随着文化消费，居民的人力资本和收入都会逐渐提高。

3.6.3 对人民主观幸福感的影响

根据 CGSS 的统计数据，我国居民的主观幸福感在 2011 年平均值约为 3.90，而 2015 年这个平均值是 3.87。连续四年的收入增长并没有带来国民主观幸福感的提升，这个结果并不符合传统经济学理论。国民主观幸福感水平关系到我国的改革开放发展成果能不能真正地受益于人民，关系到国民生活质量、关系到社会的长治久安，因而，学者尝试从其他方面寻找提升主观幸福感的经济因素。

已有学者对文化消费与主观幸福感之间的影响关系进行了研究。学者普遍认为，文化消费能够启蒙和教化消费者，使其获得享受和愉悦，促进消费者智力、身体、心灵和个性的发展，是提升消费者主观幸福感的重要途径之一（徐淳厚，1997；范玉刚，2016）。倪瑞华（2003）指出，幸福的生活并不仅依靠物质消费带来的满足，还需要更深层次的精神满足，而获得精神层面满足的途径就是文化消费。通过文化消费，人们能够不断提升自己的价值体系，树立更清晰明确的人生目标，减轻时代竞争带来的焦虑和无助感。贾小玫等（2007）则认为消费者存在精神需求，而精神需求无法依靠物质消费得到满足。人民群众提高幸福感的科学路径是通过文化产品与服务的消费实现文化产品的价值和人力资本的提升与人的全面发展，从而为居民带来精神需求的满足与主观幸福感的提高。牛云芳（2007）认为，幸福是人们追求的唯一的、最终的目的。消费支出总量不能代表幸福的高低，在消费中能获得多少精神层面的满足感才重要。只有更多的人把更多的精力和财富投入到追求精神文化，人才能拥有真正的幸福。周春平（2015）则认为，与物质消费不同，文化消费具有消费和生产双重功能，文化消费不仅是对产品和服务的消耗，也是对知识和智力的生产。学者们普遍认为，文化消费属于较高层次的消费，在我国居民收入进入中、高阶段之后，物质消费对主观幸福感的边际贡献逐渐减少，文化消费的边际贡献逐渐增加。

除了理论界对文化消费社会效能的支持外，实证研究的结论也一致证实了文化消费对幸福感的作用。无论是问卷调查一手数据还是 CGSS 的官方数据均表明，文化消费在消费结构中所占比例越大，文化消费越受到消费者重视，该消费者的主观幸福感就越强。

关于能够提升幸福感的文化消费类别，学者们的研究结论却不一致。有的认为，休闲享受型文化消费显著正向影响消费者主观幸福感（胡荣华、孙计领，2015）。亦有相反的结论：阅读和旅游等发展型文化消费能够显著正向影响消费者的主观幸福感，但是看电影、打麻将等休闲型文化消费活动对参与者的主观幸福感的影响不显著。也有将每一类消费进行细化研究的，如李小文和陈冬雪发现，不同的文化消费在提高居民幸福感的效果上迥异：看电视、购书、看报、读杂志对主观幸福感存在着显著的正向效应，玩牌、打麻将及经常到体育馆、健身房锻炼则无法有效提升主观幸福感。相对于大学毕业后留在城市或者来城市打工的人群，本地居民的主观幸福感与文化消费有着更大的相关性，本地市民不但可以从文化消费的过程中直接获得主观幸福感，还可以通过文化消费积累人力资本和社会资本，实现群体的提升，间接提高个人的主观幸福感。

3.6.4　对社会建设的影响

我国消费者的文化消费承担着传播并内化社会主义核心价值观、满足人类的自由和全面发展、增进人的自我实现的重要使命。我国优秀的文化产品还比较缺乏，目前消费者十分崇尚国外的文化产品和服务如电影、漫画等，这会导致中国传统文化价值弱化，出现主体意识缺失、泛娱乐化、价值解构等现象。而国外文化中诸如消费主义、拜金主义、享乐主义、结构核心价值观等不良价值体系会通过文化产品对我国消费者形成侵蚀，长此以往不利于社会主义价值观的践行，不利于我国的传统文化的传承和当代意识形态的安全。因此，市场亟须民族的优秀文化产品和服务，这些产品应当以消费者需求为导向，能够强化社会主义核心价值体系对居民的引领作用，能够弘扬我国优秀传统文化遗产、树立人们的民族自豪感和文化凝聚力。文化消费不仅具有社会功能还具有政治功能，政府应促进文化产业结构优化升级，构建政策支持体系和利益引导机制，发挥优秀作品的示范功能、辐射功能，引导文化舆论导向，这有利于社会稳定和人们生活的长治久安。

文化消费是居民接受文化浸染的一种重要方式。在文化产品和服务的购买消费过程中，消费者能够潜移默化地受到该产品和服务外在形式下价值文化的影响，对该价值观逐渐产生内在认同。消费者能够在产品和服务的消费过程中体验到精神享受，超脱感官和肉体存在，感受到人的本质。即从精神层次实现了人的自由全面发展、人的再生产。在文化消费过程中，消费者运用自己本身的知识能力去欣赏文化产品，同时从文化产品上习得新的知识，增强鉴赏能力和经验。这是一种学习的过程。通过消费，居民本身的文化素质、能力都得到了提高。因而，长期持续的文化消费能够提高居民的个人素质，整个社会长期的文化消费能够提高人口素质。

3.7 文化消费弊端研究

任何事物都是利与弊的结合体，消费问题也不例外。增加消费支出能够提高人民生活水平、促进产业发展繁荣、为社会发展带来一系列的正面影响。但"消费主义"盛行也会出现盲目攀比、物质浪费等负面现象。文化消费的弊端问题在国内鲜少有学者关注，本书认为，文化消费的消极效应有以下几个方面：

（1）享受型文化消费的过度发展可能会使人玩物丧志，影响工作绩效和个人成长。消费者如果醉心于玩赏某些事物或迷恋于一些有害的事情，就会丧失积极进取的志气。享受型文化消费是文化消费中的一个类别，是指以注重物质或精神生活享受为主要目的的消费类型，具体产品包括游戏、动漫、棋牌麻将、电视电影等。从本质上来说，享受型消费可以使人们得到一种心理满足，甚至弥补消费者精神心理上的一些匮乏，对个体起到疗愈滋养的作用。适当的享受型消费是必需的，也是健康有益的。人的本能对享乐型消费具有一种追求，所以从古至今，享乐型消费一直存在并持续发展。享受型消费生产厂家为了获取巨大的利润和抵制激烈的竞争，往往不断在产品设计上推陈出新，精准瞄向消费者的各项需求，量身定做极具吸引力的产品，以期提高老顾客的忠诚度和重购率，吸引新顾客。这使得市场上的享受型消费产品往往极具诱惑力，容易使消费者产生过度消费现象。文化消费过程不仅损失金钱，还需要消耗消费者的时间和精力。过度的享受型文化消费会对其他消费以及工作学习时间产生"挤出效应",使得消费者没有时间进行发展型成长型活动和正常的工作创造。同时,享受型文化消费会呈现"上瘾"现象,消费者可能投入大量的精力专注在某种产品服务消费上,以至于在正常的学习工作中显露疲态,出现"心不在焉""不感兴趣"等心理现象。因而,文化消费的结构应当引起个体和政府的关注,过度的享受型文化消费会对整个社会工作绩效和居民成长发展造成负面影响。对于逐利而行的享乐文化产业,政府部门应进行适当的管制和规范。

(2)过度的文化消费可能对其他消费产生"挤出效应",不利于消费者个人美好生活建设。物质产品的消费是具有上限的,达到一定程度会出现边际效用递减,继而出现饱和现象。如食品消费,受到消费者口味、食量的影响,消费者不可能无限消费,因而其支出有限。文化消费却恰恰相反,由于消费与消费者鉴赏能力的正循环作用,即文化消费提升消费者的鉴赏能力,而鉴赏能力的提升会促进文化消费,文化消费往往容易"成瘾",从而成为一个持久的兴趣爱好,促使消费者不断投入精力、智力、体力、时间、金钱。消费者可支配收入固定的情况下,其消费总支出具有一定的结构比例,而文化消费投入的持续加大会改变原有的消费结构比例。受支出限制的影响,其他类别的消费支出预算会逐渐减少,即文化消费对其他消费产生"挤出效应",这种现象不利于消费者各方面需求的满足,会降低生活质量。

(3)文化消费对消费者意识形态价值观有重要影响作用,因而是一把"双刃剑"。有害的、错误的意识形态极容易通过文化消费快速广泛传播,并可能借助有吸引力的文化产品被消费者接受和认同。这不利于社会的稳定团结和主流意识形态的统一。文化消费的泛娱乐化会造成文化产品质量下降。文化消费的产品选择与消费者个体的文化素质和精神追求密切相关。由于我国整体教育发展水平和发达国家还有一定距离,加之部分消费者的自律能力的差异,文化产品选择的过程中部分人群对高层次成长型的文化产品不感兴趣,片面强调自身浅层次的感官愉悦需求,容易追求那些享乐特征明显的文化产品,部分企业为了盈利,过度迎合消费者,扩大生产那些低俗、平庸、精神价值不高但娱乐功能较强的文化产品,这使得文化产品的数量在提升,质量却在下降。

流量小生、网络大电影、网剧、直播平台、选秀、演唱会等在当代青年中大行其道,部分小剧场演出内容低俗却有大量青年追捧,严肃文学、《百鸟朝凤》这类具有深刻价值内涵的文化内容在青年群体中缺乏号召力和影响力。在泛娱乐化的文化消费过程中,许多青年通过浅层次的感官刺激逃避现实,在愉悦和宣泄中放弃了对人生价值和意义的追寻。

部分文化消费的价值解构现象。理想信念明确着当代青年的发展目标和方向，社会核心价值体系决定了当代青年能否成为社会主义合格的建设者和接班人。习近平同志曾寄语青年，一定要坚定理想信念，否则，就会在精神上"缺钙"。在实践中，随着社会的转型发展，部分青年过度强调价值随社会发展的变动特征，忽视社会核心价值的稳定性，将对当前主流价值的忽略甚至叛逆作为个性彰显的表现。部分文化产品迎合这种需要，片面地揭秘所谓"历史真相"，恶搞文化经典，戏说英雄人物，以无厘头来解构文化的价值内核。由此，在这些青年的文化消费过程中，理想信念被颠覆，虚无主义、拜金主义等被潜移默化地灌输给青年，使其人生观、价值观被扭曲。因此，政府应当加强对文化企业和文化产品与服务的监管，重视文化消费的价值观影响作用。

3.8 河南省文化消费提升政策研究

3.8.1 文化产品供给侧政策研究

从以上几节的数据分析可以得出，河南省文化消费水平不高的重要原因之一是文化产品的供给和需求不匹配，有效供给十分不足，能够满足人民群众真正精神需求的文化产品少之又少，而市场大量充斥着同质化的、质量较差的、不符合人民群众需求的产品。产品过剩和人民需求无法满足两种情况同时并存。解决这一问题的途径是进行文化产业供给侧改革调整。从供给侧角度出发，深入探索文化产品的有效供给问题，从而推动文化产业的转型升级和人民生活水平的提高。

（1）制度供给：加强文化产业的管理体制机制改革。供给侧改革调整首要的问题是制度改革。只有加强顶层制度设计，将阻碍供给的体制清除或改变，才能将制度劣势转化为制度优势，助推供给更快地适应需求发展。改革文化管理体制机制，就需要大力发展市场机制，政府在市场中起间接管理的作用。

目前，河南省政府仍然在大部分文化领域起着直接管理的作用，这使得资源、技术、人才、税收等变量的分配不能直接地符合市场需求，而要依赖于政府的划分，各种资源无法自由流动，阻碍了企业对消费者需求的调研热情和创新激情，影响了文化产业和文化消费升级的效率。加快文化管理体制机制的改革，发挥市场本来的作用，让各种资源自由匹配，供给会自动根据需求的结构数量进行调整，极大地提高了匹配效率，节省了人力物力。政府保持一定的监管，对各种市场行为进行间接管理，能够更快速地适应市场需求变化。只要文化企业的经营合法合规，政府应减少直接干预，放手为企业提供良好的政策环境，以促进企业自身积极主动按照市场规律生产产品和服务。

企业应当充分发挥主体地位，积极进行市场化改革，提高市场参与度，减少对政府管理部门的依赖，以消费者需求为出发点，将精力投入到市场中去。

（2）资本供给：广泛吸纳社会资本，探索文化产业发展的"公私合作模式"。"公私合作模式"即公共部门和私营部门为了完成公共任务而形成的合作模式。该模式能够保证公共部门对私营部门的监管和指导，同时又提高了竞争效率。此举能够协助政府积极吸纳社会资本，促进文化产业的发展。

2015年5月19日，国务院办公厅转发《关于在公共服务领域推广政府和社会资本合作模式指导意见的通知》，称"在公共服务领域推广政府和社会资本合作模式，是转变政府职能、激发市场活力、打造经济新增长点的重要改革举措"。在文化产品和服务供应领域，广泛采用政府部门和社会资本合作的方式，能够尽可能地吸引资金、强强联合，具有促进文化产业的发展、降低企业经营风险、提高人民文化消费水平、提升社会资本投资效率"多赢"的效果。

（3）产业供给：积极进行产品服务创新，打造品牌资产。文化产品供给不足的矛盾跟产品质量较低、不能较好地满足消费者的需求有很大的关系。文化消费市场上产品数量繁多，然而多为同质化产品、单一化产品、低俗产品，且偏重娱乐，高质量的成长型产品和服务十分缺乏。产品的结构和数量与消费者需求无法吻合，造成绝对数量过剩，相对数量不足的问题，无法满足当代消费者个性化、多元化的需求。要改变这一供需矛盾，首先是进行市场调研，深入了解消费者文化产品需求的结构和数量，其次针对需求结构生产不同层次、不同类别、不同特征的文化产品。面对消费者的有些需求，目前市场上流通的产品无法满足，企业应当进行产品服务创新，大力引进高层次人才和技术，研发新产品。河南省的文化企业应当树立自有品牌，打造精品，提高品牌资产，良好的品牌能够提升产品的品质和形象，促使产品得到消费者的认可和喜爱。企业应加大对市场调研和技术开发的资金投入，建设河南省知名文化企业或全国知名的文化企业。同时，文化企业的升级必然促进了文化产业的升级和结构调整，形成"消费者—产品—企业—产业"这一链条的良性循环。

（4）技术供给：打造"互联网+""文化+"创新模式。科技进步为文化产品创新提供了源源不断的思路和手段。线上线下齐发力，创新"文化+"模式能够引领文化产业融合发展。文化产业对内要素融合可以形成"文化+科技""文化+金融""文化+创意"等形态，对外跨界跨行业融合能够形成"文化+制造业""文化+旅游""文化+农业"等新业态模式，跨平台进行空间重塑融合会形成"文化+互联网"的新领域新平台。

首先，多种融合手段可以拓展文化产品的地域时空边界，利用线上线下多种方式和工具，同时打造线上线下文化产品，开展线上线下营销，不但开发了新产品，还能够提高现有产品的市场适应能力。其次，产业融合使得文化产品生产企业与消费者沟通的渠道更便捷，企业能够及时对消费者的要求给出反馈，并将产品信息全面有选择地传递给消费者，消费者也能够降低搜寻成本，节省时间精力，更快达成交易。最后，技术的发展使得个性化服务、定制化产品、多元化产品与精准营销成为可能，产业融合能够更好地满足消费者需求，并使得消费从意愿更快地转化为行为。

3.8.2 文化消费公共政策研究

在前几章的研究基础上，本书借鉴国内外相关经验，提出以下公共政策建议：

（1）降低文化产品和服务价格。大部分文化产品和服务价格目前还处于偏贵的阶段，在老百姓眼中属于"高档消费"。如正版图书、电影票、音乐会门票等。文化产品不是生活必需品，其价格对销售量的影响十分明显。降低文化产品和服务价格的途径有：政府对企业给予生产补贴，降低价格；企业扩大生产，主动降低价格；政府对消费者购买产品给予价格减免补贴等。其中，消费券方案能够灵活调节全部或者部分文化产品和服务的价格，在国内外促进消费的策略中取得了较好的效果。

消费券是一种对消费者的货币补偿，表达了政府对"消费者主权"的肯定。消费者获得优惠券后用货币对文化产品进行选择性投票，能够迫使生产企业关注市场的消费意愿偏好，引导企业按照市场需求调整生产的数量款式时间，让市场资源自由流动进行配置，发挥市场机制的作用，达到真正的"需求决定供给"。近年来，我国部分省份已经通过使用"文化消费券类"工具刺激消费并取得了一定的效果。例如，北京市 2014 年 9 月办理的北京文化惠民卡，宁波 2014 年 5~12 月办理的文化艺术节卡，青岛 2015 年 10~12 月的文化惠民一卡通等，还有黑龙江、安徽、北京、贵州、陕西等地 2016 年举行的惠民文化消费季活动。

河南省也曾经数次实施过消费券方案。2020 年春节前后，新型冠状病毒性肺炎疫情肆虐，为了刺激消费，郑州市政府先后几次发放消费券。第一期消费券于 2020 年 4 月 3 日上午 10 点开始发放，首期 5000 万元电子消费券 150 秒发放完毕。第二期消费券于 4 月 28 日上午 10 点开始发放，1.6 亿元电子消费券 160 秒内发放完毕。第三期消费券于 6 月 13~19 日，每天上午 10 点开始发放，主要是

1.3 亿元餐饮消费券。2020 年 7 月 1~17 日这 17 天中，每天上午 8 点整和 12 点整，支付宝陆续发放 100 亿元消费券，连续 17 天，全国通用，不设门槛。这一期的消费券主要是餐饮消费券。数据显示，消费券确实可以有效刺激消费，提高消费总量。

消费券并不是完美的，它存在以下几个问题：首先，消费券难以发放到所有的居民手中，很难保证公平性，比如疫情期间郑州市的消费券主要通过支付宝和郑好办 App 发放，且几乎在发放时间开始时便被一抢而空。因此，得到这些消费券的是能够熟练操作智能手机、对价格敏感、喜欢关注新事物的人群。中老年人尤其是老年人几乎很难抢到消费券。发放文化消费券需要设计一个妥善的发放方式，确保各年龄段的人群都有条件有机会领取到消费券。其次，消费的范围往往受到局限，消费数据收集困难，发放消费券时往往选择部分文化产品进行价格补贴，而这些产品未必是消费者最想要消费的产品。很多特别受居民喜爱的产品并没有优惠，难以满足消费者心中的偏好，同时也无法多层次地、全方位地满足居民的文化消费需求。最后，消费者无法对所补贴购买的产品和服务进行评价，不能起到监督提升产品服务质量的作用。购后评价是顾客对企业产品服务品牌的综合评价，起到了信息交流的作用。对评价信息的积极反馈，不但能够增强消费者与企业的感情，提升消费者满意度和忠诚度，也能获得对企业有益的信息，利于企业改善产品质量、提升服务水平，改进促销方式等。消费券的发放平台一定要及时跟踪居民的消费信息，为居民提供反馈的机会，这样对提升文化产品、提高消费满意度、改进政策设计都有益处。

因此，要发挥消费券对文化消费的促进提升作用，就要建立对产品和服务质量的评价体系。例如，建立专门的微信公众号，可以将政府、文化企业和消费者联系在一起。微信号负责发布消费券信息、线上领券、消费、收集数据等。居民可通过参与微信号线上活动或宣传文化消费信息获得奖励性积分，积分可以兑换成消费券，消费后可以评价获得积分。吸引有真实消费需求的、热爱文化产品服务的居民成为公众号的固定粉丝，也通过微信公众平台让真正有需求的顾客获得文化消费券，加强票券的利用效率。政府可以获得消费者满意度企业排序和各单项评价企业排序，对企业监管提供了数据上的支持。企业也能够根据消费者评价反思改进自己，依据市场需求调整生产服务和营销方向。

（2）加大财政投入，健全社会保障政策，消除居民进行文化消费的后顾之忧。较好的社会保障政策能够让居民更有安全感，提高了他们对未来生活水平的积极预期，降低了他们的主动储蓄意愿。消费者会更倾向于各种消费支出。同时，文化消费是一种特殊的消费形式，需要金钱和时间的双重支出。社会保障体系较完备的城市，居民不需要过分担忧将来的养老、医疗、可能出现的失业等问题，他们会减少工作时间，主动选择更多的休息时间。而闲暇时间的增加对于培养文化消费爱好、享受文化消费过程提供了必要的条件。

从河南省 18 个地市居民人均收入和人均文化消费支出的表格可以看出，人均文化消费支出与人均收入有正相关关系，从城镇居民和农村居民人均收入的比较以及文化消费支出水平的比较表格中能够看到，当前河南省的城市与农村居民在收入和消费支出以及文化消费支出几个方面都有着明显的差距。政府可以在收入分配方案上进行改革，限制高收入群体收入，同时增加低收入群体补贴额度，使低收入群体的收入增长幅度快于高收入群体的收入增长幅度，增加中等收入人群占比，只有这样，才有可能使贫富差距缩小，也才能使居民文化消费水到渠成，使居民用于文化消费的支出比例提高。

完备的社会保障制度在一定程度上节省了居民自行缴纳社会保障所花费的金钱，等于变相提高了居民收入尤其是居民可支配收入。居民可支配收入是所有消费支出的重要前置变量。高层次消费支出受到其影响更加明显。国内外实证研究表明，提高低收入人群的收入比提高高收入人群的收入对文化消费支出的影响作用更加强烈。而低收入人群往往各项社会保障缴纳不全，但更容易面对失业、生病、无退休金养老等现实问题。因此，健全社会保障政策，低收入人群获益最大。这项政策能大幅度降低低收入人群的心理经济社会压力，提高其安全感、主观幸福感和生活满意度，能极大地改善他们的未来消费预期，促使其增加文化消费支出。社会保障制度的完善通过影响居民储蓄倾向、居民消费预期和居民可支配收入三项变量继而影响居民文化消费意愿。

（3）增加教育资源投入，引导居民树立正确的文化消费观念，优化文化消费结构。教育培训则是居民的刚性需求，低群体居民无法减少在教育培训方面的支出，而高群体居民即使拥有了更多的组织资源、经济资源和文化资源，也未必一定会增加教育培训的消费。因为教育是农村或低社会群体改变命运、进行群体流动的重要的、合理的、公平的途径。即使是收入水平较低的农村家庭，教育也是他们获取高收入的必需路径。因而，在乡镇居民支出中，教育所占的文化消费比重更大。因为对全民来讲，高中和大学的教育费用基本均等。但较高的社会群体会增加其其他的文化消费，导致教育所占文化消费的比重显著下降。对于消费群体感知较高的人群来说，消费是其炫耀的手段，而教育培训往往被划分为一种提升自己的手段，而并非享受生活的手段。教育的炫示性作用不强烈，因此高消费群体感知的人群对教育培训没有明显的偏好作用。

河南教育资源短缺，省内只有一所"211"大学，没有"985"大学，每年的高考分数线居高不下。河南学生为了争夺优秀大学的就读门槛，不惜花十几年青春刻苦攻读，这导致从幼儿园开始，孩子们就频繁地上各种补习班，家长投入巨大的教育培训费用。政府应当加大对教育资源的投入。优质大学的增加会缓解当前供需失衡的矛盾，降低学生和家长高考压力，也降低了高考前十几年中关于教育培训的投入，而这些金钱节省会增加其他项目的消费。更多优质小学、中学等的建立会降低学生及其家长在课外寻找辅导班、家教上的金钱和时间投入，这些金钱和时间的节省也会增加其他文化消费支出，从而调整整个社会的文化消费结构，改变教育一枝独秀的不均衡现象。

社会群体对于文化消费类别的影响表现具有差异性。具体来说，实际社会群体对于教育培训开支、旅游开支、人情支出和文化娱乐服务支出都具有显著正向影响，对于文化娱乐产品消费具有负向影响，实际社会群体对于旅游开支的影响作用系数最大，对于教育培训开支的影响最小。旅游开支是一个非常敏感的变量，处于较高社会群体的人群会大大增加其旅游消费，而部分处于较低社会群体的人群认为旅游是对"金钱的浪费"。因此，企业和媒体在广告宣传以及公共关系运作上可以尽量树立旅游业的文化价值观念，如"读万卷书不如行万里路""人生苦短，要么读书，要么旅行，身体与灵魂，总有一个要在路上"。旅游景区可以深入挖掘当地的文化底蕴，在景区多举行民俗活动、历史文化展览、美食文化展览等，将旅游与文化结合起来，摈弃旅游就是玩乐的落伍思想，树立旅游是学习、是求知、是自我成长的良好途径的新思想。

（4）加强市场竞争，促使企业创新发展，实现文化供应和消费市场繁荣。文化产品和服务是一种特殊的产品，在研发和创意阶段需要投入高昂的金钱和巨大的人力资源，但上市后可能由于"盗版""复制"等现象无法收回研发成本。如居民因价格便宜购买盗版书或者复印原版书，从互联网搜索免费"枪版"电影观看等，这样的群体行为会极大地损害原版创作者的艺术创作激情，使企业损失利润。长此以往，劣币驱逐良币，好的文化作品会越来越少，消费者与优秀文化作品之间的供需矛盾会越发激烈。政府应当完善相关法律保护正版文化产品和服务，并对创新型产品和服务给予财政补贴。优秀的文化产品和服务越多，消费者的文化消费意愿越强烈；企业利润越多，越能够通过规模效益降低产品和服务成本，也越有动力开发更多更好的文化产品和服务。这是一个良性循环。

众所周知，市场竞争可致优胜劣汰。因此，应当进一步促进文化供应市场繁荣，积极开拓大众文化消费市场，使文化产品和服务供应更加丰富多彩，从而达到降低文化产品价格的目的。此外，由于文化产品的消费价格弹性为负，因此也需通过竞争使文化产品和消费价格更加符合市场实际。吸引并允许各类人群对文化产业的投资，通过市场和政府相结合，引导文化企业树立品牌意识，创造龙头主导企业，提高管理水平和加大文化创新力度，提升河南省整体文化软实力，促进文化供应和消费市场繁荣。

4 文化消费量化研究

4.1 文化消费量化自我信息呈现与接收者购买意愿的影响关系研究

人们经常把生活中的点滴发布在朋友圈向他人分享，也就是进行自我呈现，而商品作为自我呈现的道具也经常出现其中。当朋友圈的信息接收者接收到自我呈现信息时，无形中会对其感知有用性和购买意愿造成影响。

本节的研究以微信为例，选取了自我呈现的五个维度：信息质量、呈现方式、情感倾向、品牌知名度和好友亲密度进行探索，使用 SPSS23.0 和 AMOS23.0 建立结构方程模型，进行路径检验，研究其与消费者购买意愿的关系，最终得出：朋友圈与商品有关的自我呈现中，信息质量对感知有用性和购买意愿没有直接影响；朋友圈与商品有关的自我呈现中，好友亲密度显著正向影响购买意愿；朋友圈与商品有关的自我呈现中，呈现方式、情感倾向、好友亲密度正向影响感知有用性，品牌知名度负向影响感知有用性；感知有用性在好友亲密度与购买意愿中起部分中介作用，在呈现方式、情感倾向、品牌知名度与购买意愿中起完全中介作用。

感知有用性在自我呈现与消费者购买意愿之间起到重要的中介作用，好友亲密度是对感知有用性和消费者购买意愿影响最大的因素。因此企业一方面应该采取措施增加消费者在朋友圈晒产品的意愿，这样可以扩大产品影响力，吸引潜在顾客，扩大销售；另一方面也要使消费者能够增加自我呈现内容的有用性，让朋友圈的信息接收者感知到呈现内容的效价，并促使他们采纳这些信息，成为忠诚客户。此外，企业可以建立朋友推荐购物通道，使消费者在朋友圈进行自我呈现时将产品信息糅合进去，采取推荐朋友获得提成、返现、老带新打折等方法。

4.1.1 选题背景

日常生活中，人们经常在朋友圈、微博、抖音等平台分享自己的心情、晒自拍、美食等，这些行为就是个体的自我呈现。个体通过文字、图片、视频等方式有意识地向他人展示自己，这是人际交往中的一种常见现象。自我呈现是一个自觉的印象控制过程，即人们为了建立、维持、改变其在他人心目中的形象做出的努力。

社交媒体正在成为消费者行为研究的一个重要领域，作为互联网时代人们沟通交流、传播和接收信息与自我表达的重要社会互动平台，社交媒体的用户群体在不断壮大。中国互联网络信息中心在京发布的第 45 次《中国互联网络发展状况统计报告》显示，截至 2020 年 3 月，我国网民规模达 9.04 亿，互联网普及率达 64.5%。

微信作为集文字、图片、语音、视频等为一体的社交软件，又因其高度的私密化以及基于熟人社交关系延续的高黏合性被诸多用户喜爱。根据全球移动应用数据和分析平台 App Annie 公布的 2019 全球月活跃用户数前十名的 App，微信居全球第四、中国第一，微信的月活跃用户已经达到了 11.51 亿，具有非常大的影响力。

人们通过微信进行自我呈现，在人际互动中塑造自己的形象，而作为消费的对象，现实生活中各种各样的商品也成为社交媒体用户晒照中的常客。人们通过各种形式展示和分享自己日常生活中的商品，表现自己的生活方式、行为习惯和兴趣爱好，使用手机拍下生活中的瞬间，各种美图软件也让人们可以根据自己的审美标准和表达需求拍摄出展示自己的个性和想法的照片，拍摄对象、主题、视角和构图选择更加忠诚地展示了拍摄者的主观意愿和思维方式，再配上文字，就能生动地传达出个人的所观所想。当人们通过图文呈现生活中的商品时，相当于消费者对商品的意义进行了再一次的编码，这不仅展示了商品的物质表象，还有商品与自我及他人之间的关系。

4.1.2　研究意义

随着移动互联网时代的到来，人们的日常交往模式变得复杂多样，与以往有很大的不同。微信自 2011 年上线以来便得到用户的广泛喜爱。2020 年 1 月 9 日，微信官方对外发布 2019 年微信数据报告显示：微信月活跃账户数达 11.51 亿，比上年同期增长 6%。微信因方便、简洁、私密的特点升至社交软件排行榜第一的位置，是人们社会交往的重要渠道，在人际沟通、信息传递、商业推广等方面起着重要的作用。

目前，国内对自我呈现的研究较少，且大多是心理学、传播学等方面的研究，在营销学方面的研究不多。微信具有即时通信、生活娱乐及自我呈现功能、包括分享功能、朋友圈展示功能及生活中的购买娱乐功能，在实名制的基础上，其兼具私密性、虚拟性、开放性，是当代青年展示自我的一个良好舞台。因此，本书将研究微信朋友圈自我呈现与消费者购买意愿的关系以及感知有用性在其中起到的中介作用，并为企业利用自我呈现心理带动消费提供一些思路和方法，以期丰富和完善相关领域的研究，为后续研究提供一定的参考价值。

4.1.3 研究方法

（1）文献研究法。确定要研究的问题，搜集和阅读相关文献，对自我呈现、购买意愿、感知有用性等概念进行了解，并在此基础上整合相关领域的主要理论，为本书的模型构建及假设提供理论支撑。

（2）问卷调查法。此前，并没有人研究过微信朋友圈自我呈现与消费者购买意愿之间的关系。在综合考虑下，本章对线上评论对购买意愿的影响相关问卷进行改动，使之成为适合调查自我呈现、感知有用性及购买意愿关系的问卷。通过一系列检验分析，验证本书的理论模型和假设的有效性，得到科学理论。

（3）结构方程模型。结构方程模型（SEM）是一种融合了因素分析和路径分析的多元统计技术，能够处理多个原因、多个结果之间的关系。本书通过 SEM 来建立自我呈现与购买意愿之间的因果关系模型以及观测感知有用性在其中起到的中介作用。

4.1.4 本章研究结构

本章首先提出要研究的问题，即微信朋友圈自我呈现与消费者购买意愿的关系以及感知有用性在其中的作用。然后进行文献阅读整理，了解相关变量的概念和目前已有的研究成果。之后构建出微信朋友圈自我呈现与消费者购买意愿关系模型，并提出假设。接着设计问卷题项，收集问卷数据，随后利用 SPSS23.0 和 AMOS23.0 进行数据分析，检验假设内容。最后得出研究结论，提出建议、研究局限以及对未来的展望，如图 4-1 所示。

4.1.5 文献综述

本章将进行文献梳理，首先介绍自我呈现的概念、微信朋友圈的自我呈现及其目的，其次陈述购买意愿的概念、影响因素及技术接受模型，最后界定微信朋友圈自我呈现内容的感知有用性，理解研究的三个主要变量的含义。

4.1.5.1 自我呈现

（1）自我呈现的概念。1956 年，在芝加哥符号互动学派的影响下，美国社会学家欧文·戈夫曼在《日常生活中的自我呈现》一书中提出了自我呈现的概

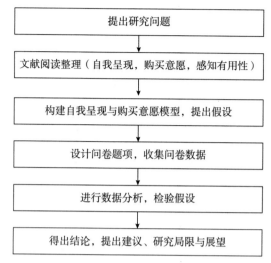

图 4-1　本章研究结构

念，他将人生定义为一场表演，日常生活是一个大舞台，人们是舞台上扮演各种角色的演员，根据不同的舞台情境，个体会有策略地调整自己所扮演的角色，表演中人们都试图控制自己留给他人的印象，通过言语、姿态等表现形成自己所希望呈现给他人印象，称为"印象管理"，为了实现印象管理，人们运用一些手段，如通过外部设施和个人的装扮来装点门面。人们进行自我呈现的原因有很多，例如，通过自我呈现可以促进社会交往的正常进行，通过自我呈现可以获得更多的物质或精神的嘉奖，通过自我呈现还可以进行自我建构，按照社会的需要为自己建构起某种特定的身份，让别人信赖自己拥有某种能力或特质，反过来不断满足自己日益增长的各类需求。

以微信为代表的社交媒体是自我呈现的新渠道，个人利用社交媒体所提供的平台呈现自我和影响他人，在线上来构建个人形象，这也是人们使用社交媒体的一个动机。在呈现的过程中，经常出现各种商品作为道具，这些道具也会对自己和他人产生影响。Zhao 等（2008）的研究中，除了个人主页外，更新状态信息、显示好友列表、评论他人状态、通过点赞来表达对他人的兴趣、展示自己喜欢的主题等，都是线上自我呈现行为。这些多元化的呈现方式使社交媒体被认为是理想的自我呈现平台。社交媒体的自我呈现也有维度，主要包含：广度指信息呈现的数量，深度指自我呈现中所蕴含的信息，积极性指信息的效价，真实性指呈现信息对个体真实情况反映的准确程度（薛鹏达等，2017）。

（2）朋友圈自我呈现的内容。微信作为全民社交的工具，成为人们展示自我的舞台。人们沉浸在网络形象的前台表演中，部分脱离现实生活，通过设定形象、传播符号信息和交流策略来达到社交目的，以此来塑造理想中的自我，获得身份认可。人们在微信的使用过程中，实际上是在进行印象管理，内容上经过了把关和修饰（魏颖，2019）。因此，在朋友圈看到的朋友，形象会比现实中好一些。一个人的微信好友包含着各种不同社会角色的人，包括亲人、朋友、同学、同事、客户等，在发动态的时候会设置朋友圈权限，考虑面向哪个群体，这样也能更有针对性地向固定人群塑造自身形象。

张锡璐（2019）认为，对朋友圈发布的内容进行归纳，可以分为三类：第一，社交类（活动、工作、聚会等）；第二，生活类（旅行、美食、自拍、宠物等）；第三，资讯类（新闻、美文、学习软件分享等）。本节认为，还可以再分两类：第四，心情类（开心、难过、炫耀、求安慰等）；第五，广告类（公司广告、推销产品等）。

（3）朋友圈自我呈现的目的。第一，广告宣传。现在很多商家都会建立顾客群，加顾客好友，在朋友圈发商品图片及功能介绍，增加顾客对商品的了解，"引诱"顾客。比如说水果店店主经常在朋友圈发水果信息，顾客刚好觉得价格合适，质量不错，这就在无形中促进了销售。

第二，展示生活状态。人们遇见好吃的、好玩的，经常会拍照或者视频，分享给朋友，希望把开心的一面展示给他人。这样，即使是一些不经常联系的朋友，也可以通过朋友圈了解对方的近况。

第三，分享心情。人们在开心、难过、生气的时候也会在朋友圈进行自我呈现，让朋友们知道自己的心情，希望得到认同、关心和安慰等。也可以把口头无法描述、不好表达的事情经过妥善思考后，有逻辑地发表到朋友圈，达到更好的效果。

第四，正能量相关。这类是相对比较有内涵、有文化、心态阳光健康的人，发一些积极向上的、激励人生的、拼搏奋斗的文字、图片或视频等。一是自己学习；二是朋友也可以学习和转发，不断进步，传播正能量。

第五，发表见闻，所思所想。分享自己经历过、看到过或听到过的事情，这些事一般是令人惊讶的、赞叹的或匪夷所思的阅历，从中学到了哪些，可以应用到以后的学习或工作中。

第六，炫耀心理。可能是买了一辆豪车、一块高档手表，或者参观了一些名胜古迹，出席了代表身份地位的场合，也可能是炫耀一下新交的女朋友、乖巧懂事的孩子，向他人展示自己优渥的生活、非凡的地位、幸福的家庭等。

4.1.5.2　购买意愿

（1）购买意愿的概念。Fishbein 等（1991）提出"意愿"一词，定义为个体的某种行为发生的主观概率，并指出它与"态度"的概念大不相同。之后在营销领域得以延伸，有了"购买意愿"这一定义。

购买意愿即消费者愿意采取特定购买行为的概率的高低。Mullet 认为消费者对某一产品或品牌的态度，加上外在因素的作用，构成消费者的购买意愿，购买意愿可视为消费者选择特定产品的主观倾向，并被证实可为作为预测消费行为的重要指标。Dodds 等认为购买意愿指消费者购买某种特定产品或服务的主观概率或可能性。也有学者认为购买意愿就是消费者对特定商品的购买计划。我国学者韩睿、田志龙认为购买意愿是指消费者购买该产品的可能性。朱智贤则认为购买意愿是指消费者买到适合自己某种需要的商品的心理顾问，是消费心理的表现、是购买行为的前奏。

购买意愿理论包括四方面的内容：第一，从消费者态度角度分析。心理学认为影响他人行为意愿的因素是他对外界所持有的态度。第二，从最大化的感知价值角度分析。消费者为了追求最大的期望价值，将付出代价取得某种商品或服务和预计从该商品或服务中获得的收益进行比较，进而选择。第三，从感知风险最低角度分析。将心理学范畴定义的感知风险应用到消费者行为学领域，事先预测未来可能发生的损失，判断是否能够承受风险进而决定了消费者的购买意愿。第四，从计划行为理论角度分析。学者将计划行为理论引入市场营销领域用于预测消费者行为，主要包括四个等级，分别为消费者行为、消费者购买意愿、影响消费者购买意愿的因素、对影响因素的分析。

（2）购买意愿影响因素。对购买意愿的相关研究开始较早，理论研究趋于成熟。在购买意愿和消费者感知价值方面，学者认为顾客对于产品或服务的感知利得越高，他所感知到的价值就越高，而较高的感知价值又能提高顾客的购买意愿。研究认为，消费者基于自身标准，对收集到的产品信息进行分析权衡，从而形成对待产品的态度，这种态度反映了消费者基于对感知利益与感知成本所形成的感知价值。在感知价值、顾客满意、重复购买三者关系的相关研究中，学者认为顾客感知价值对重复购买意愿有直接正相关关系，并且通过顾客满意产生间接正相关关系；顾客满意对重复购买有直接正相关关系；相比与顾客满意，顾客感知价值对重复购买意愿的影响要大一些。通过以往学者的研究，能够得知顾客感知价值和顾客重复购买之间存在正相关关系。

（3）技术接受模型。Davis 等（1989）在前人的基础上升级改造，形成了技术接受模型。由图 4-2 可以看出，感知有用性和感知易用性在模型中起关键作用。前者代表用户在使用信息系统的过程中工作效率被提高的程度，后者代表用户操作信息系统时的简易程度。该模型表示，当外界变量起作用时，感知有用性和感知易用性会影响想用态度。同时感知有用性和想用态度直接影响行为意向，并最终作用于使用行为。由此可知，感知有用性既受外部变量的影响，也影响着行为意向。此模型可运用到微信朋友圈商品自我呈现与购买意愿的关系上，也为本书提供了理论依据。

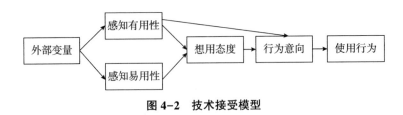

图4-2　技术接受模型

4.1.5.3　感知有用性

（1）感知有用性的概念。感知有用性是一个比较广义的概念，一般被认作是感知行为决策过程中的价值（Connors et al.，2011）。最早出现在信息管理系统研究领域中，随着网络技术的发展，感知有用性逐渐延伸到营销领域。Davis将其运用在技术接受模型内，提出了著名的技术接受模型，在技术接受模型中，感知有用性就是指系统用户感受到的信息对于自身的有用程度。随后，学者 Venkatesh 等将感知有用性作为结果变量引入网站情境中，探索消费者评论对网站的感知价值，并从系统的角度出发指出感知有用性是最重要的变量。Kempf 等（1998）则是将感知有用性和感知诊断力联系起来，认为消费者可以从评论的感知有用程度测量产品的整体诊断力。感知诊断力是消费者感知产品信息的能力，这些信息有助于消费者理解并评价某些产品的质量和性能。在此基础上，Jiang 等（2004）用感知诊断力这一概念表示消费者感知产品评论传递相关信息的能力，判断这些产品信息帮助人们理解和感知商品质量和性能的程度。Mudambi 等（2010）将有用性理解为决策过程中感知价值的测量尺度与已有文献中提到的信息诊断力概念相一致。感知有用性也因此被应用到营销学中。自我呈现与商品传统口碑最大的不同体现为前者是以社交软件为载体，并且信息的接收者是研究的焦点之一。

（2）自我呈现中感知有用性的界定。本书关注的是消费者对朋友圈与商品相关的自我呈现的感知有用性，而不是客观评论的有用性，感知的与客观的是不同的。Zeithaml 在研究感知质量、感知价值和感知价格之间的关系时对感知质量和客观质量作了区分。感知质量是指消费者关于商品的整体优越性评判，与实际质量相比更加抽象。客观质量是指可测量和可检验的某些完美指标的优越性。从可论证的角度来说，客观质量是不存在的，因为所有的质量都是由人感知的，而人的看法都是主观的。因此，本书中的感知有用性是指消费者从朋友圈与商品相关的自我呈现中感知到的有用性。

国内外的学者都认为有用性是一个广义的概念，可以用来反映消费者从自我呈现中获得的能够帮助其评估商品和做出决策的价值，即消费者认为朋友圈自我呈现能够帮助其做出购买决策的程度。本书将从自我呈现的信息质量、呈现方式、情感倾向、品牌知名度以及好友亲密度五个维度出发，通过感知有用性探索这些变量与购买意愿的关系。

4.1.6　研究模型与假设

本书根据技术接受模型构建微信朋友圈自我呈现与购买意愿模型，并提出假设。探究微信朋友圈自我呈现的五个维度——信息质量、呈现方式、情感倾向、品牌知名度、好友亲密度与感知有用性、购买意愿的关系。

4.1.6.1　研究模型

微信是人们进行自我呈现的常用平台，商品作为自我呈现的道具经常出现在这个过程中，这在无形中向他人展示了相关商品的外观、性能、功效及反馈等，增加了其他消费者对相关商品的了解。那么，这种行为会对消费者的购买意愿造成什么影响呢？哪些变量在其中发挥作用？

本章节将自我呈现的五个维度——信息质量、呈现方式、情感倾向、品牌知名度、好友亲密度作为自变量，将感知有用性作为中介变量，消费者的购买意愿作为因变量，探索自我呈现的五个维度对感知有用性和消费者购买意愿的影响，具体的理论模型如图4-3所示。

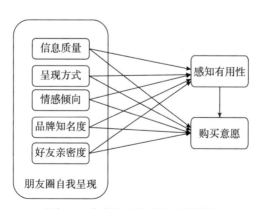

图 4-3　自我呈现与购买意愿模型

4.1.6.2　研究假设

微信朋友圈自我呈现的五个维度对购买意愿的影响有：

（1）微信朋友圈关于文化消费量化信息的自我呈现包括对文化产品和服务的性能、使用体验及消费过程描述的详细度、清晰度和文字表达的吸引力等。由于微信朋友圈是一个熟人圈子，人们喜欢发表日常动态，所以关于产品和服务的描述往往不是很详细，但是这样也会在微信朋友的脑海中留下一定的印象，在他们的相关决策中起到一定的参考作用。

（2）发表朋友圈动态的方式是多样的，文字描述、图片展示、视频分享、链接转发以及它们之间的结合形式。"文字+图片"的效果比单一的文字描述要好，人们可以更直观地看到相关商品。

（3）自我呈现内容往往是主观的，带有呈现者的情感色彩，这样的评价极易引起他人的共鸣。郝媛媛等（2010）以影评为例，运用文本挖掘技术进行研究，发现在线影评中的正负情感混杂和积极情感倾向能够显著正向影响消费者感知有用性。Adaval 的情感一致理论认为：人在评价产品时，与其心情一致的自我呈现对他人的影响更大。当消费者参考某些商品的评论时，一般心里怀着正向预期，如果刚好看到正向评价，就会增加其购买意愿。

（4）品牌知名度是指某一品牌在人们心中的地位高于其他品牌的程度，过去的研究认为，消费者对品牌的摄入度越高，对购买意愿的影响越大。但本书认为在微信朋友圈，品牌知名度高的产品因为价格、性价比原因不占优势，与消费者购买意愿负相关。

（5）微信朋友圈由各种各样的人群组成，每天接收各种类型的信息。研究表明，信息来源的可信度能够影响消费者的信任，陌生人的推荐与朋友的推荐对消费者的影响效果是不同的（Luo et al.，2013）。人们无法确定陌生人发布的是否是真实的信息或是否是在充分了解过产品后发表的感想。

因此，本章提出以下假设：

H1a：高信息质量的自我呈现正面影响消费者文化产品购买意愿；

H1b：多样化的自我呈现方式正面影响消费者文化产品购买意愿；

H1c：正向情感倾向的自我呈现正面影响消费者文化产品购买意愿；

H1d：自我呈现中商品的品牌知名度负面影响消费者文化产品购买意愿；

H1e：自我呈现中接收者与呈现者的好友的高亲密度正面影响消费者文化产品购买意愿。

微信朋友圈自我呈现的五个维度对感知有用性的影响有：①如果消费者看到的是产品和服务量化消费的信息量大、描述清晰、生动有趣的自我呈现内容，那么他们可以从中获取有用信息，增加对产品的了解，在做购买决策时消除某些疑虑。但如果是冗长、没有重点、枯燥乏味的呈现内容，消费者可以获取的有用信息是非常少的。②消费者从不同的呈现方式中获得不同的产品和服务信息，如从文字中可以了解商品的性能、价格、使用体验等，从视频中可以了解文化消费过程中噪声的大小，从图片中可以观察到商品的颜色、款式、材质等。而这些呈现方式的组合可以给消费者提供更加完备的有用信息。③根据以往的研究，极端评论往往能给人带来更大的冲击和情感共鸣。在微信朋友圈这个自我呈现平台，人们往往塑造出比平时自己更加完美的形象，发表的更多是积极的、正面的内容，这样也能给信息接收者更加愉快的心理体验。正面的商品自我呈现内容因其清晰的观点，能够给消费者提供更多的借鉴。④品牌知名度也在微信朋友圈的自我呈现中起到重要作用，知名度高的产品为人们所熟知，能够增加消费者的心理认同。但同时品牌知名度与产品质量没有必然的联系，服务态度、广告、价格、战略都是提高品牌知名度的手段。而品牌知名度高的产品与功能相似的产品相比与价格和性价比上均不占优势，人们更愿意选择品牌知名度没有那么高，更加经济实惠的产品。⑤微信朋友圈是一个社交圈，里面的联系人也分亲疏远近，熟人发布的信息与陌生人相比更让人产生探索的欲望，人们会想要了解熟人的生活状态，从中获取有用信息，联络彼此的感情，完成社交目的。

因此，提出以下假设：

H2a：高信息质量的自我呈现正面影响感知有用性；

H2b：多样化的自我呈现方式正面影响感知有用性；

H2c：正向情感倾向的自我呈现正面影响感知有用性；

H2d：自我呈现中商品的品牌知名度负面影响感知有用性；

H2e：自我呈现中接收者与呈现者的好友的高亲密度正面影响感知有用性。

感知有用性对购买意愿的影响有：

购买意愿属于行为意识范畴，根据技术接受模型，感知有用性可以直接作用于行为意识。在 Davis（1989）的研究中，他提到用户对系统的感知有用性是使用该系统对其工作绩效和工作效率提高的程度，换句话说，就是对改善工作业绩、提高工作效率的作用大小。自我呈现内容是否能够帮助到朋友圈信息的接收者，也就是潜在消费者，这包括两个过程：第一，信息的筛选过程，即接收者选择要不要留意和查阅自我呈现内容；第二，信息的整理过程，即接收者基于呈现内容的诊断性，选择是否参考某一自我呈现内容给出的信息。简而言之，自我呈现内容是否有价值，是根据信息接收者来判定的。

许多研究表明，感知有用性对消费者的行为态度和行为意向有显著影响。Par 等（2007）指出，阅读的评论表现出认知水平里的正面效价时，评论内容的感知有用性对购买意愿起积极作用。陆海霞（2016）发现评论有用性显著正向影响消费者购买意愿，有用性高的正面评论能够显著提升消费者购买意愿，反之，有用性低的负面评论显著降低消费者购买意愿。肖锴等（2016）经过一系列检验，发现在在线评论中，感知有用性对消费者购买意愿的影响是显著的，且是正向影响，感知有用性对消费者的情感态度和评估态度也有显著正向影响。自我呈现的感知有用性对消费者购买意愿的影响也可以用人际间心智化过程的理论解释。人际间心智化过程是一种自动化反射过程，自我呈现内容包含的信息对大脑某些区域的神经组织产生刺激，因而接收者对呈现内容的感知有用性会影响其购买意愿，使消费者做出是否购买的决定（石璐，2019）。

基于此，本书提出以下假设：

H3：感知有用性正向影响消费者文化产品购买意愿。

感知有用性的中介效应有：

根据以往的研究，感知有用性在线上评论和购买意愿之间起到中介作用。冯希亚（2017）的研究证实了感知有用性在评论质量、情感倾向、接收者卷入度与购买意愿之间起中介作用。张新等（2016）指出朋友推荐和消费者信任正向影响消费者网络购买意愿，且信任在朋友推荐和网络购买意愿之间起部分中介作用。

虽然线上评论和自我呈现在发布平台、内容侧重和发布者自身特征方面有所差别，但在表达方式、表达内容上也有相似之处。因此，本书推测自我呈现的各个维度会影响到消费者的感知有用性，同时感知有用性也会影响到消费者的购买意愿。因此提出以下假设：

H4a：感知有用性在信息质量和文化产品购买意愿的影响关系中起中介作用。

H4b：感知有用性在呈现方式和文化产品购买意愿的影响关系中起中介作用。

H4c：感知有用性在情感倾向和文化产品购买意愿的影响关系中起中介作用。

H4d：感知有用性在品牌知名度和文化产品购买意愿的影响关系中起中介作用。

H4e：感知有用性在好友亲密度和文化产品购买意愿的影响关系中起中介作用。

4.1.6.3　研究设计

为了检验结构方程模型是否成立，本书进行问卷设计，对每个变量提出测量题项，进行数据收集，并展示问卷对象基本特征。

（1）变量度量。本书对潜变量购买意愿的测量包括自我呈现信息质量、呈现方式、情感倾向、品牌知名度、好友亲密度、感知有用性共6个变量。

为了测量消费者对文化产品的购买意愿，本实验将选择一种文化产品——考研培训作为测试产品，被测试者将看到朋友圈的考研培训产品描述和消费者体验，并配有图片、文字、情绪描述。被测试者被要求填写测项，其中自我呈现的5个维度（信息质量、呈现方式、情感倾向、品牌知名度、好友亲密度）共设置18个测量问项，感知有用性有3个测量问项，购买意愿有3个测量问项，问项说明见表4-1。

表4-1　本书的测量题项说明

变量	编号	题项
信息质量	A1	该自我呈现内容真实客观地描述了文化消费过程和文化产品服务的特征
	A2	该自我呈现内容表达清晰，易于理解
	A3	该自我呈现内容生动有趣，具有吸引力
呈现方式	B1	有图片展示的呈现内容更能吸引我的注意力
	B2	有图片或视频的自我呈现内容更能让我更直观地了解相关产品
	B3	有图片展示的呈现方式对我购买相关产品有帮助
情感倾向	C1	我在朋友圈倾向于关注正面的商品自我呈现内容
	C2	正面的商品自我呈现内容对我影响更大
	C3	正面的商品自我呈现能让我产生共鸣
品牌知名度	D1	我在购买产品时对品牌知名度比较在意
	D2	品牌知名度高的自我呈现内容会吸引我去浏览
	D3	我认为品牌知名度高的商品的自我呈现内容可信度更高
好友亲密度(熟人和陌生人两种情况下)	E1	我愿意看这条朋友圈的自我呈现内容
	E2	我认为好朋友/好闺蜜会在掌握相关产品的信息后向我推荐
	E3	我对好朋友/好闺蜜发布的有关商品的自我呈现内容信任程度很高
	E4	我愿意看这条朋友圈的自我呈现内容
	E5	我认为这位陌生人会在掌握相关产品的信息后向我推荐
	E6	我对陌生人发布的有关商品的自我呈现内容信任程度很高
感知有用性	F1	在朋友圈看完有关商品的自我呈现后，丰富了我对该产品的了解
	F2	在朋友圈看完有关商品的自我呈现后，对我做购买决策有帮助
	F3	在朋友圈看完有关商品的自我呈现后，能够减轻我在购买该产品时的担忧
购买意愿	G1	浏览过相关商品的自我呈现内容后，我对该产品产生了兴趣
	G2	我以后在购买价位相似的同类产品时，会优先考虑该产品
	G3	在朋友想购买同类产品时，我愿意向他推荐该产品

（2）问卷设计。本问卷主要涵盖三部分，第一部分是微信朋友圈有关商品的自我呈现调查，包括自我呈现的信息质量、呈现方式、情感倾向、品牌知名度、好友亲密度、感知有用性调查；第二部分是问卷对象的基本信息；第三部分是问卷对象的微信使用状况。

通过对研究变量进行测量，对微信朋友圈有关商品的自我呈现的特征及其感知有用性和消费者购买意愿进行数据分析。本书主要使用李克特5点量表进行测量，共设置"非常不同意""不同意""一般""同意""非常同意"5个尺度，用1~5分别对应表示，以测量问卷对象对微信朋友圈有关商品的自我呈现的特征、感知有用性和购买意愿的关系，保证调查结果的科学性。

（3）数据收集和问卷对象基本特征。本次问卷调查采取线上形式，共发放322份问卷，实际收回321份。对收回的问卷进行筛选，若作答时间少于40秒则视为无效问卷。剔除无效问卷后，还有300份有效问卷，在此基础上进行各种分析统计。表4-2为本次问卷对象的基本特征。

表4-2　问卷对象基本特征

分类		人数（人）	百分比（%）
每日微信使用时间	<1 小时	35	11.7
	1~2 小时	110	36.7
	2~5 小时	94	31.3
	>5 小时	61	20.3
自我呈现类型（多选）	社交类	195	65
	生活类	232	77.3
	资讯类	96	32
	心情类	157	52.3
	广告类	29	9.7
微信好友类型（多选）	家人/亲戚	220	73.3
	朋友	263	87.7
	同事	83	27.7
	同学	214	71.3
	客户	19	6.3
对自我呈现的态度	感兴趣，看一下	94	31.3
	没感觉，看一下	117	39

续表

分类		人数（人）	百分比（%）
对自我呈现的态度	不感兴趣，看一下	57	19
	不感兴趣，直接划过去	26	8.7
	觉得很烦，以后屏蔽这个人	6	2
性别	男	89	29.7
	女	211	70.3
年龄	≤20 岁	21	7
	21~25 岁	225	75
	26~30 岁	48	16
	31~35 岁	4	1.3
	≥35 岁	2	0.7
月生活费	≤1000 元	35	11.7
	1001~2000 元	177	59
	2001~3000 元	62	20.7
	≥3001 元	17	5.7

由表 4-2 可知，在本次的 200 名调查对象中，男女比例为 3∶7，被调查对象多集中在 21~30 岁，且每天的微信使用时间大多在 1~5 小时，证明了 90 后在微信上非常活跃，他们每个月的花费大概在 1000~3000 元，与这个年龄层次吻合度很高。针对微信使用状况而言，青年人更喜欢在朋友圈发表社交类、生活类和心情类的自我呈现内容；不管感兴趣还是不感兴趣，90% 的人都愿意浏览他人发布的关于商品的自我呈现内容，这样也会在一定程度上影响消费者的购买意愿。

4.1.7 结构方程模型

对问卷数据进行信效度分析，数据符合建立结构方程模型的指标才能进行有意义的研究。之后利用 AMOS23.0 进行验证性因子分析、路径检验以及中介效应检验论证模型的有效性。

4.1.7.1 问卷的信度和效度

为了确保变量里各问项调查结果的可靠水平，本书运用 SPSS23.0 对问卷中自我呈现的各个维度、感知有用性及购买意愿变量进行信度检验。在研究中，常用 Cronbach's α 系数检验信度，根据 Nunnally（1978）在研究中阐述的内容，各

测项的信度科学值必须大于 0.6 的 Cronbach's α 系数基准值。一般测项信度
Cronbach's α 系数合理区间介于 0.6~0.8，并且 Cronbach's α 系数越近 1，信度
水平越高。分析结果如表 4-3 所示。

表 4-3　信度分析

变量	编号	题项	Cronbach's α 系数值
信息质量	A1	该自我呈现内容真实客观地描述了文化消费过程和文化产品服务的特征	0.758
	A2	该自我呈现内容表达清晰，易于理解	
	A3	该自我呈现内容生动有趣，具有吸引力	
呈现方式	B1	有图片展示的呈现内容更能吸引我的注意力	0.789
	B2	有图片或视频的自我呈现内容更能让我更直观地了解相关产品	
	B3	有图片展示的呈现方式对我购买相关产品有帮助	
情感倾向	C1	我在朋友圈倾向于关注正面的商品自我呈现内容	0.743
	C2	正面的商品自我呈现内容对我影响更大	
	C3	正面的商品自我呈现能让我产生共鸣	
品牌知名度	D1	我在购买产品时对品牌知名度比较在意	0.716
	D2	品牌知名度高的自我呈现内容会吸引我去浏览	
	D3	我认为品牌知名度高的商品的自我呈现内容可信度更高	
好友亲密度（熟人和陌生人两种情况下）	E1	我愿意看这条朋友圈的自我呈现内容	0.638
	E2	我认为好朋友/好闺蜜会在掌握相关产品的信息后向我推荐	
	E3	我对好朋友/好闺蜜发布的有关商品的自我呈现内容信任程度很高	
	E4	我愿意看这条朋友圈的自我呈现内容	
	E5	我认为这位陌生人会在掌握相关产品的信息后向我推荐	
	E6	我对陌生人发布的有关商品的自我呈现内容信任程度很高	
感知有用性	F1	在朋友圈看完有关商品的自我呈现后，丰富了我对该产品的了解	0.762
	F2	在朋友圈看完有关商品的自我呈现后，对我做购买决策有帮助	
	F3	在朋友圈看完有关商品的自我呈现后，能够减轻我在购买该产品时的担忧	
购买意愿	G1	浏览过相关商品的自我呈现内容后，我对该产品产生了兴趣	0.749
	G2	我以后在购买价位相似的同类产品时，会优先考虑该产品	
	G3	在朋友想购买同类产品时，我愿意向他推荐该产品	
总体 Cronbach's α 系数值：0.881			

微信朋友圈有关商品的自我呈现中的信息质量的三个测量的 Cronbach's α 系数为 0.758，呈现方式的三个测量的 Cronbach's α 系数为 0.789，情感倾向的三个测量的 Cronbach's α 系数为 0.743，品牌知名度的三个测量的 Cronbach's α 系数为 0.716，好友亲密度的 6 个测量的 Cronbach's α 系数为 0.638，感知有用性的三个测量的 Cronbach's α 系数为 0.762，购买意愿的三个测量的 Cronbach's α 系数为 0.749，均符合信度中的指标要求。

　　效度是指不同的个体对题项测量结果的一致性，反映出测量题项的准确性，包括内容效度和结构效度。内容效度指测量目标与测量内容之间的适应性和相符性。鉴于本书研究内容目前在国内外的相关文献较少，本书在借鉴相似研究的成熟量表基础上进行了更改和创新。结构效度是指测量工具反映概念和命题的内部结构程度，如果问卷调查结果能够测量其理论特征，那么数据是具有结构效度的。KMO 值越接近 1，变量间的相关性越强，当 KMO 值大于 0.6，Bartlett 球形度检验显著性小于 0.05，累计方差贡献率大于 60% 时，是适合做因子分析的效度分析的。如表 4-4 所示。

表 4-4　效度分析

变量	编号	KMO 值	显著性	累计方差贡献率（%）
信息质量	A1	0.668	0.000	67.430
	A2			
	A3			
呈现方式	B1	0.708	0.000	70.851
	B2			
	B3			
情感倾向	C1	0.683	0.000	66.415
	C2			
	C3			
品牌知名度	D1	0.677	0.000	63.904
	D2			
	D3			
好友亲密度	E1	0.666	0.000	69.026
	E2			
	E3			
	E4			

续表

变量	编号	KMO 值	显著性	累计方差贡献率（%）
好友亲密度	E5	0.666	0.000	69.026
	E6			
感知有用性	F1	0.676	0.000	67.778
	F2			
	F3			
购买意愿	G1	0.691	0.000	66.678
	G2			
	G3			

从表4-4中可以看出，自我呈现各构成因子主成分提取分析结果中，KMO值大于0.6，显著性水平小于0.01，说明参数间存在相关系数，结构效度得到确认。

4.1.7.2　验证性因子分析

为了检验模型中自我呈现的五个维度与感知有用性和购买意愿的关系，本书对模型进行验证性因子分析。

（1）结构效度分析如表4-5所示。

表4-5　整体拟合系数

x^2/df	RMSEA	GFI	IFI	TLI	CFI
2.012	0.058	0.906	0.930	0.910	0.928

由表4-5可知x^2/df的值为2.012，小于3，适配理想；RMSEA为0.058，小于0.08，可接受；GFI为0.906，大于0.9，结果试配良好；IFI为0.930，大于0.9，结果试配良好；TLI为0.910，大于0.9，结果试配良好；CFI为0.928，大于0.9，结果试配良好。综合来看，自我呈现内容的信息质量、呈现方式、情感倾向、品牌知名度、好友亲密度、感知有用性和购买意愿整体模型适配良好。

（2）聚敛效度分析如表4-6所示。

表4-6　因子载荷

路径			Estimate	AVE	CR
A1	<---	信息质量	0.735		
A2	<---	信息质量	0.666	0.511	0.758
A3	<---	信息质量	0.741		
B1	<---	呈现方式	0.796		
B2	<---	呈现方式	0.73	0.560	0.792
B3	<---	呈现方式	0.717		
C1	<---	情感倾向	0.663		
C2	<---	情感倾向	0.726	0.500	0.750
C3	<---	情感倾向	0.730		
D1	<---	品牌知名度	0.671		
D2	<---	品牌知名度	0.609	0.460	0.717
D3	<---	品牌知名度	0.747		
E1	<---	好友亲密度	0.623		
E2	<---	好友亲密度	0.662	0.461	0.718
E3	<---	好友亲密度	0.745		
F1	<---	感知有用性	0.657		
F2	<---	感知有用性	0.809	0.524	0.766
F3	<---	感知有用性	0.696		
G1	<---	购买意愿	0.681		
G2	<---	购买意愿	0.776	0.497	0.747
G3	<---	购买意愿	0.652		

　　由表4-6可知，信息质量、呈现方式、情感倾向、品牌知名度、好友亲密度、感知有用性、购买意愿对应的各个题项的因子载荷值均大于0.6，说明各个潜变量所对应的题目都具有代表性。另外，各个潜变量的平均方差抽取量AVE一般要求大于0.5，但Chin（1998）认为大于0.36也是可以接受的，而组合信度CR均大于0.7，说明聚敛效度是良好的。

　　（3）区分效度检验如表4-7所示。

表4-7　区分效度

	信息质量	呈现方式	情感倾向	品牌知名度	好友亲密度
信息质量	0.511				

续表

	信息质量	呈现方式	情感倾向	品牌知名度	好友亲密度
呈现方式	0.275 ***	0.560			
情感倾向	0.192 ***	0.152 ***	0.500		
品牌知名度	0.162 ***	0.174 ***	0.135 ***	0.460	
好友亲密度	0.275 ***	0.158 ***	0.128 ***	0.175 ***	0.461
AVE 平方根	0.715	0.748	0.707	0.678	0.679

注：*** 表示 p<0.01，对角线为 AVE 评价方差变异抽取量。

由表 4-7 可知，自我呈现内容的信息质量、呈现方式、情感倾向、品牌知名度和好友亲密度之间均具有显著的相关性（p<0.01），另外相关性系数绝对值均小于 0.5，且均小于所对应的 AVE 平方根，说明各个潜变量之间具有一定的相关性，且彼此之间又具有一定的区分度，说明量表数据的区分效度理想。

4.1.7.3　结构方程模型

本书使用 AMOS23.0 来建立初始结构方程模型，误差向量的路径系数默认为 1，测量模型中测量题项与潜变量的路径系数默认为 1，对标准化系数没有影响。修正前的模型如图 4-4 所示。

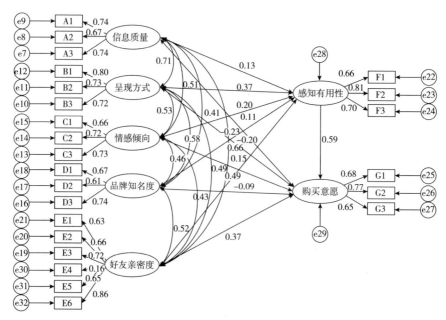

图 4-4　自我呈现与购买意愿结构方程模型（修正前）

由图 4-4 可知，好友亲密度中的 E4、E5、E6 因子载荷值小于 0.5，这也说明了在微信朋友圈，人们仔细浏览陌生人呈现内容的概率就很低，他们不认为陌生人会在掌握相关产品的信息后再推荐，对于信息的真实度也很怀疑。因此删除这三个题项对模型进行修改，后续的操作也以修正后的模型图 4-5 为基础。

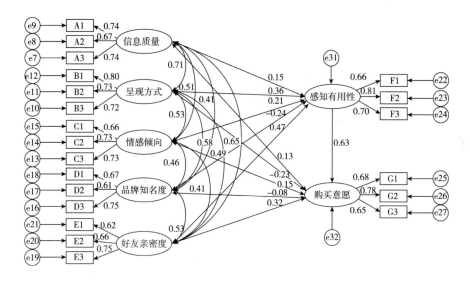

图 4-5　自我呈现与购买意愿结构方程模型（修正后）

4.1.7.4　中介效应的检验

（1）路径检验。为验证假设内容，本节使用 AMOS23.0，采用 Bootstrap 方法对感知有用性对自我呈现的五个维度和消费者购买意愿的中介效应显著性进行检验，以微信朋友圈中有关商品的自我呈现内容的信息质量、呈现方式、情感倾向、品牌口碑和好友亲密度为自变量，感知有用性为中介变量，购买意愿为因变量。抽样数为 2000，取 90% 的置信区间。检验结果如表 4-8 所示。

表 4-8　中介效应路径检验

路径	非标准化系数	标准化系数	S. E.	C. R.	p
信息质量→感知有用性	0.11	0.152	0.095	1.154	0.249
呈现方式→感知有用性	0.341	0.358	0.116	2.928	0.003
情感倾向→感知有用性	0.209	0.215	0.078	2.698	0.007
品牌知名度→感知有用性	−0.225	−0.242	0.094	−2.387	0.017
好友亲密度→感知有用性	0.411	0.471	0.102	4.05	***

续表

路径	非标准化系数	标准化系数	S. E.	C. R.	p
感知有用性→购买意愿	0.693	0.631	0.175	3.959	***
信息质量→购买意愿	0.103	0.129	0.099	1.036	0.300
呈现方式→购买意愿	-0.236	-0.226	0.14	-1.688	0.091
情感倾向→购买意愿	0.163	0.152	0.09	1.81	0.070
品牌知名度→购买意愿	-0.078	-0.076	0.109	-0.714	0.475
好友亲密度→购买意愿	0.303	0.316	0.133	2.281	0.023

注：*** 表示 $p < 0.001$。

由表 4-8 可知，信息质量对感知有用性的 $p = 0.249 > 0.05$，信息质量对购买意愿的 $p = 0.300 > 0.05$，呈现方式对购买意愿的 $p = 0.091 > 0.05$，情感倾向对购买意愿的 $p = 0.070 > 0.05$，品牌知名度对购买意愿的 $p = 0.475 > 0.05$，这些路径是不显著的。其余路径的 p 值均符合小于 0.05 的标准，路径显著。

呈现方式对感知有用性的标准化系数为 0.358，情感倾向对感知有用性的标准化系数为 0.215，好友亲密度对感知有用性的标准化系数为 0.471，说明这四个变量与感知有用性的关系是正相关；品牌知名度对感知有用性的标准化系数为 -0.242，说明品牌知名度与感知有用性的关系是负相关的，即消费者认为自我呈现中商品的知名度越高，这条呈现内容的有用性越低。同时，感知有用性显著影响购买意愿。好友亲密度对消费者购买意愿的标准化系数为 0.316，说明好友亲密度正向影响消费者购买意愿。

表 4-9　非标准化的 Bootstrap 中介效应检验

路径	Estimate	Bias-corrected 90%CI	p
信息质量→感知有用性→购买意愿	0.076	[-0.063, 0.291]	0.322
呈现方式→感知有用性→购买意愿	0.236	[0.079, 0.569]	0.016
情感倾向→感知有用性→购买意愿	0.145	[0.038, 0.319]	0.024
品牌知名度→感知有用性→购买意愿	-0.156	[-0.376, -0.041]	0.023
好友亲密度→感知有用性→购买意愿	0.285	[0.108, 0.630]	0.006

由表 4-9 可知，感知有用性在信息质量与购买意愿之间的中介作用检验不成立 ｛ $\beta = 0.076$，$p > 0.05$；90%CI = [-0.063, 0.291]，包括零点｝，因此 H4a 不成立；感知有用性在呈现方式与购买意愿之间的中介作用检验成立 ｛ $\beta = 0.236$，

p<0.05；90%CI＝［0.079，0.569］，不包括零点且>0｝，因此 H4b 成立；感知
有用性在情感倾向与购买意愿之间的中介作用检验成立 ｛β＝0.145，p<0.05；
90%CI＝［0.038，0.319］，不包括零点且>0｝，因此 H4c 成立；感知有用性在品
牌知名度与购买意愿之间的中介作用检验成立 ｛β＝－0.156，p<0.05；90%CI＝
［－0.376，－0.041］，不包括零点且<0｝，因此 H4d 成立；感知有用性在好友亲
密度与购买意愿之间的中介作用检验成立 ｛β＝0.285，p<0.05；90%CI＝
［0.108，0.630］，不包括零点且>0｝，因此 H4e 成立。

（2）中介效应结果。通过表4-8 和表4-9 的对比，可以发现在中介变量进
入模型之前，自我呈现的呈现方式、情感倾向、品牌知名度对购买意愿均无直接
影响，当感知有用性作为中介变量加入模型之后，路径显著性提高，中介效应得
到验证。因此，感知有用性在自我呈现的呈现方式、情感倾向、品牌知名度与消
费者购买意愿之间起完全中介作用。而好友亲密度可以直接影响消费者购买意
愿，且在感知有用性作为中介变量加入模型之后，好友亲密度对消费者购买意愿
产生的影响显著提高。因此，感知有用性对好友亲密度与购买意愿起部分中介作
用。自我呈现的信息质量对感知有用性和购买意愿无任何影响。

同时可以看出中介作用的强弱，好友亲密度→感知有用性→购买意愿的效应
值为 0.285，排第一；呈现方式→感知有用性→购买意愿的效应值为 0.236，排
第二；品牌知名度→感知有用性→购买意愿的效应值绝对值为－0.156，排第三；
情感倾向→感知有用性→购买意愿的效应值为 0.145，排第四。

（3）假设检验结果如表4-10 所示。

表 4-10　假设检验结果

假设	假设描述	检验结果
H1a	高信息质量的自我呈现正面影响消费者文化产品购买意愿	不成立
H1b	多样化的自我呈现方式正面影响消费者文化产品购买意愿	不成立
H1c	正向情感倾向的自我呈现正面影响消费者文化产品购买意愿	不成立
H1d	自我呈现中商品的品牌知名度负面影响消费者文化产品购买意愿	不成立
H1e	自我呈现中接收者与呈现者的好友的高亲密度正面影响消费者文化产品购买意愿	成立
H2a	高信息质量的自我呈现正面影响感知有用性	不成立
H2b	多样化的自我呈现方式正面影响感知有用性	成立
H2c	正向情感倾向的自我呈现正面影响感知有用性	成立
H2d	自我呈现中商品的品牌知名度负面影响感知有用性	成立
H2e	自我呈现中接收者与呈现者的好友的高亲密度正面影响感知有用性	成立

假设	假设描述	检验结果
H3	感知有用性正向影响消费者文化产品购买意愿	成立
H4a	感知有用性在信息质量和文化产品购买意愿的影响关系中起中介作用	不成立
H4b	感知有用性在呈现方式和文化产品购买意愿的影响关系中起中介作用	成立
H4c	感知有用性在情感倾向和文化产品购买意愿的影响关系中起中介作用	成立
H4d	感知有用性在品牌知名度和文化产品购买意愿的影响关系中愿起中介作用	成立
H4e	感知有用性在好友亲密度和文化产品购买意的影响关系中愿起中介作用	成立

4.1.8 结论与建议

本书针对结构方程模型的结果进行分析，解释某些路径成立或不成立的原因，根据最终模型提出营销建议、研究局限以及对今后研究的展望。

4.1.8.1 结论

本节的主要目的是通过结构方程模型验证自我呈现的五个维度——信息质量、呈现方式、情感倾向、品牌知名度、好友亲密度与感知有用性和购买意愿之间的关系。经过一系列检验，得出：朋友圈自我呈现有四个维度直接影响感知有用性，分别是呈现方式、情感倾向、品牌知名度、好友亲密度；一个维度直接影响消费者购买意愿，为好友亲密度。

（1）好友亲密度正向影响消费者购买意愿。朋友圈有关商品的自我呈现中，好友亲密度正向影响消费者购买意愿，H1e得到确认。然而，自我呈现的信息质量、呈现方式、情感倾向、品牌知名度对购买意愿影响不显著，H1a、H1b、H1c、H1d不成立。因为与线上评论及微商广告不同，朋友圈的自我呈现不是专门的文化产品评价，产品作为自我呈现的道具出现在其中，呈现者不会详细地描述产品的品牌、价格、性能及使用体验等，所以自我呈现的信息质量对感知有用性和消费者的购买意愿均无直接影响。朋友圈中有关文化产品的自我呈现在人们的日常生活中是一笔带过的，尽管呈现方式特别，情感表达充沛，但并不能直接影响消费者购买意愿。人们对价格低的产品不易纠结，考虑时间短，更易做出购买决策。而品牌知名度高的产品往往价格高昂，性价比低，人们在权衡的过程中需要考虑更多。关于朋友圈熟人推荐的商品，人们并不会去考虑产品知名度这个因素，品牌知名度不能影响消费者购买意愿。

（2）呈现方式、情感倾向和好友亲密度正向影响感知有用性。自我呈现的呈现方式、情感倾向和好友亲密度正向影响感知有用性，H2b、H2c、H2e得到确认。"文字+图片"的呈现方式比单一的文字具有优越性，能够让消费者看到文化产品的表现形式、消费地点、消费环境等，容易引起消费者的注意，并在脑海中留下印象，提高购买决策的效率。呈现内容情感倾向的流露，表明了呈现者对产品最直观的看法，人们在朋友圈大部分时间会选择发表正面的积极向上的内容，精心包装自己的形象，以此吸引他人的注意，同时获取安全感和内心的舒适感（徐旭初等，2020）。正面情感倾向的呈现内容也容易获得他人的认同，根据戈夫曼的戏剧论，人们通过努力，在"前台"控制那些不经意流露的行为，来达到和容易控制行为的一致性，完成一个优秀的"表演"。因此人们不管是出于自身形象的塑造还是表达真实情感的目的，很大程度上愿意在朋友圈发布积极正面的自我呈现内容。朋友推荐很大程度上可以消除消费者风险感知并且取得消费者信任，让消费者感知到信息的有用性，从而在自己购买产品时会优先考虑在朋友圈看到的产品，因为消费者已经对此产品有了一定的了解，并且他们愿意将此产品推荐给身边的朋友或家人，最终达到影响他人购买意愿的结果。

（3）品牌知名度负向影响感知有用性。品牌知名度负向影响感知有用性，H2d 得到确认。品牌知名度高的产品往往价格较高，人们对价格高的产品做购买决策时会考虑性价比，即是否能够用有限的金钱购买最优的产品，当面临较多的同类产品时，人们更愿意选择价格相对较低的替代品，因此在朋友圈自我呈现中，品牌知名度越高的产品，人们的购买意愿越低。

（4）感知有用性正向影响购买意愿。路径检验显示，感知有用性显著正向影响消费者购买意愿，H3 得到确认。其标准化系数为 0.631，与前面的技术接受模型相吻合，感知有用性能够使消费者产生购买意愿，感知有用性越强，消费者购买意愿越高。

（5）感知有用性在自我呈现和购买意愿之间起中介作用。本节采用 AMOS23.0 来检验感知有用性在自我呈现的五个维度与购买意愿之间的中介效应。自我呈现中的呈现方式、情感倾向、品牌知名度与购买意愿并无直接联系，加入感知有用性作为中介后，具有显著正向影响。好友亲密度在自我呈现和购买意愿之间起部分中介作用。因此，如何使消费者愿意在朋友圈发布质量高、让人感到有用的自我呈现内容成为商家需要重视的问题。最终模型如图 4-6 所示。

4.1.8.2 研究价值

随着互联网和社交媒体的发展，人们的线上自我呈现行为愈加丰富且频繁。微信因功能多样、操作简单、隐私性强拥有庞大的用户群体。而微信朋友圈自我呈现行为也经常出现在自身和他人身上。因此，利用微信朋友圈自我呈现行为进行营销、促进消费是有一定价值的。下面，本节将提出一些建议，希望可以为企

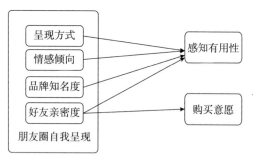

图 4-6 朋友圈自我呈现与购买意愿模型

业利用微信朋友圈自我呈现进行营销提供一些思路和方法。

4.1.8.3 建议

从上述研究结论出发，针对企业能够更快地推广产品，从而获得更多利润，本节提出以下建议：

（1）提高消费者感知有用性。感知有用性在自我呈现与消费者购买意愿之间起到重要的中介作用，并且对消费者的购买意愿具有显著正向影响。因此，企业一方面可以采取激励措施增加消费者在朋友圈晒产品的意愿，可以扩大产品影响力，吸引潜在顾客，扩大销售；另一方面也要使消费者增加自我呈现内容的有用性，让朋友圈的信息接收者感知到呈现内容的价值，提高他们采纳这些信息的可能。具体地说，一是要以顾客需求为导向，提高对消费者的人文关怀，在保证文化产品质量的前提下，提高产品的有形展示，提供附加服务，如提升服务人员整体形象、设计独一无二的消费环境、增加产品节目表演等，让消费者感到温暖，让人产生在朋友圈炫耀的心理。二是要帮助消费者提高自我呈现的有用性，告诉消费者产品的亮点、容易吸人眼球的地方，为消费者提供可以展示产品优点的视频或照片，使消费者在自我呈现时能够抓住产品的重点。

（2）聚焦微信好友亲密度对购买意愿的影响。好友亲密度是对感知有用性和消费者购买意愿影响最大的因素。这也说明了，华丽的辞藻、多样的呈现方式、丰沛的情感表达和产品的品牌知名度都比不上熟人间的信任。因此，商家可以建立朋友推荐购物通道，使消费者在朋友圈进行自我呈现时将产品信息糅合进去，推荐朋友购买可以获得提成或者折扣等。这对商家来说，利用消费者自身的口碑推荐产品可以节省一定的广告费用，并且可以获得更多的销量和利润以及加大其他人了解产品的机会。

（3）重视朋友圈自我呈现方式对文化产品购买意愿的影响。文化产品和服务作为一种体验性强的产品，很难通过门票价格、内容介绍等方式在购前让消费者了解和信任，因此，通过已经购买的消费者在朋友圈描述其消费体验和消费环境具有较好的宣传效果。好的呈现方式可以让消费者感知到更多有用信息，从而在提高消费者购买意愿上也起着重要作用，有照片或视频的自我呈现内容比单一的文字更有吸引力。因此，企业应该采取一些活动，在物质上和精神上让消费者感受到满足，鼓励消费者带着产品示意图或视频详解进行自我呈现。精致的门票、贴心的赠品、有趣的卡片可以增加企业与消费者的情感维系，晒这些商品对消费者来说也可以更好地展示自身的生活状态，维持社交联络。

（4）注意产品品牌知名度对购买意愿的影响。品牌知名度越高的产品在感知有用性的中介作用下会使消费者的购买意愿降低。消费者对于这类产品已经有了较多了解，对此商品的优缺点已经了然于心，脑海中形成了固定的、属于自己的一套认知，不易因他人的看法改变自己的观念。因此，品牌知名度低的企业可以就此采取积分、返现等形式鼓励消费者在朋友圈发表真实的体会内容，增强呈现内容对潜在消费者的影响。

（5）发掘朋友圈自我呈现情感倾向对购买意愿的影响。朋友圈自我呈现的正面情感倾向在感知有用性的中介作用下与消费者购买意愿正相关。根据印象管理理论，消费者期望通过在"舞台上的表演"维持良好的形象，获得社会赞许。因此，在保证产品质量的前提下，企业可以为消费者提供增加"面子"、展示良好生活面貌、表达正能量的优质产品和附加服务，使消费者通过发表商品的自我呈现内容，可以在人前展示出积极的形象和令人羡慕的生活状态。

4.1.8.4 研究局限与展望

本节的研究丰富了自我呈现领域的相关研究，将自我呈现与营销学联系起来，构建出朋友圈自我呈现与消费者购买意愿的模型，并且发现感知有用性在其中的作用。但是由于人力有限，其中也有一些不足。第一，问卷数量只有300份，对于此类结构方程模型，1000份问卷数量更佳。第二，本节研究只采用了感知有用性作为中介变量。基于好友亲密度在模型中的显著程度，在未来的研究中，可以加入信任因素作为自变量。第三，本节研究只选取了正面情感倾向的自我呈现内容，未来可进一步探索正面、中性、负面情感倾向的自我呈现内容对购买意愿的影响差异。第四，本次调查人群多为21～25岁的群体，因此，研究结果更多地展示的是年青一代的行为，以后可以进行其他不同年龄段的差异性研究。

4.2　文化消费量化自我信息呈现对发送者重复购买意愿的影响研究

4.2.1　问题提出

随着大数据技术的发展，量化自我的时代已经开启。消费者参与量化自我用于监测自身健康状况、处理工作、人际交往和消费决策。同时，出于自我控制和自我监管的动机、社交动机抑或获得商家奖励的动机，个体将量化自我的消费数据在社交网络进行分享，对自身和群体其他成员造成一系列的影响。自我呈现也被称作印象管理，指人们在其他社会成员面前展示自己，从而给人留下理想的形象，获得社会认可。在互联网环境下，人们拥有各种社交软件如微博、微信、QQ、人人网等，他们可以通过上传自己的照片视频、编辑文字表情符号、更新动态的方式来进行自我呈现。自我呈现的行为在当今社会已经非常普遍。

量化自我信息呈现，即个体将量化自我的数据在本人的社交圈中进行信息分享的行为。作为一种主动性社交网络使用行为，它能够吸引社群成员的积极关注、创造深入交流的机会、展示自我消费生活状态、有助于个体提高自尊水平、获得社会认同、降低抑郁水平、提高生活满意度和主观幸福感，进而会对个体的购买意愿产生积极影响，而这种积极影响很可能是通过一些中介变量如线上积极反馈、顾客感知价值等来实现的。

线上积极反馈，即社交网络中朋友圈成员给予本人发布内容的支持性回应，主要包括点赞、评论、转发等。线上积极反馈能够帮助个体赢得社会认同和社会支持，体现了本人被社交圈接纳和关注的程度，是个人影响力、魅力和社会资本数量的象征。线上积极反馈正向影响个体的主观幸福感、人格自我概念和社会适应程度。线上反馈的数量和质量均受到信息呈现性质的影响。量化自我信息一般是有关文化、健康、时尚等前沿消费的信息，呈现的是个体积极向上的生活热情与高档消费品位，会直接影响个体从社交网站上获得积极反馈的频率和质量。而且，线上积极反馈是主动性社交网络使用行为与个体自尊、主观幸福感和生活满意度以及个体与他人友谊质量等心理变量关系中的中介变量。所以，本节提出如下假设：

H1：线上积极反馈在量化自我信息呈现与消费者购买意愿之间起中介作用。

量化自我信息呈现能彰显消费者的个性、健康形象、运动感、时尚感，从而获得自我认同。同时，这种主动性社交网络使用行为有助于培养人际关系，获得社群归属感、安全感。即个体在进行消费后量化自我并分享到社交网络，能提高心理资本和社会资本，从而提高对产品价值的感知。同时，量化自我信息呈现会引发更多线上积极反馈，而线上积极反馈会提升情绪水平，获得一系列精神收益。如提高个体的社会认同感知、自尊水平、主观幸福感和生活满意度。这也会正向影响产品的感知价值。此外，自我呈现是一种自我形象展露，正向影响了消费者在网络社交过程中的被关注度，能给个体带来交流的愉悦感，加深个体对自我时尚度、自律性的肯定，从而提升了顾客对产品的社会价值和享乐价值的感知。持续进行量化自我的信息呈现是对量化效果的监督，会促进量化效能的逐渐显现。消费者会感受到更多的产品实用价值。而作为购买行为的前置变量，购买意愿与顾客让渡价值呈显著正相关。研究发现，顾客感知价值正向影响消费者购买意愿。初次消费之后，顾客对产品和服务让渡价值的感知正向影响满意度，而顾客满意度是顾客重购意愿的重要决定因素。因此，本节提出如下假设：

H2：量化自我信息呈现可能通过顾客感知价值的中介作用影响消费者购买意愿。

综上所述，量化自我信息呈现会导致线上积极反馈的频率和数量升高，而线上积极反馈正向影响个体自尊，促使消费者提升对产品价值的认知。产品感知价值正向影响顾客满意度，顾客满意又是重购意愿的重要前置变量。因此，本节提出如下假设：

H3：量化自我信息呈现可能通过线上积极反馈和顾客感知价值的链式中介作用影响消费者购买意愿。

以往学者多从个体角度来定义和分析量化自我，事实上，群体视角的研究将更有意义和价值。量化自我所具效用通常需较长时间才能被消费者感知，保持持续参与是引导消费习惯和重复购买的必要条件。企业应当设置各种机制从而激励消费者坚持记录量化自我数据。综上所述，本节旨在深入挖掘消费者量化自我信息呈现、线上积极反馈、顾客感知价值和购买意愿的关系，并且假设线上积极反馈和顾客感知价值在量化自我信息呈现对消费者购买意愿的影响中起链式中介作用，以期深入揭示量化自我信息呈现对购买意愿的影响机制，为商家提升客户忠诚度提供营销策略，也为消费者持续参与量化自我提供有益建议。

4.2.2 研究方法

4.2.2.1 被调查者与施测程序

本节从河南省郑州市一家国际连锁早教中心选择近一个月内持续进行文化消费量化自我信息呈现行为的消费者 629 名,以微信群为单位分发问卷并收集数据。最终得到有效问卷 576 份,问卷有效率为 91.57%。被测试者年龄为 19~45 岁,其中,男性 170 人(29.51%)、女性 406 人(70.48%)。

4.2.2.2 研究工具

本节先将现有成熟量表根据研究情境进行修改,然后使用预调研来检验量表的信度并修改测项,从而得到最终量表。其中,量化自我信息呈现问卷借鉴了 Kim 和 Lee(2011)编制的量表,该量表在国内外研究中多次被使用,Cronbach's α 系数为 0.84。线上积极反馈问卷采用 Liu 和 Brown(2014)设计的量表,该量表 Cronbach's α 系数为 0.86。两个问卷均采用李克特 7 点计分,从 1~7 代表"从来没有"到"非常频繁",得分越高表示被调查者试量化自我信息呈现的频率越高和被调查者得到线上积极反馈的频率越高。

顾客感知价值问卷是将 Yang H. L.、Lin C. L.(2014)的顾客价值测量题项进行改编得到的。本书将顾客感知价值分为三个维度:实用价值、享乐价值和社会价值,各 3 个题项。购买意愿量表参考 Eggert(2002)的测项。这两个问卷中的所有测量题项均采用李克特 7 级量表,1 表示非常不同意,7 表示非常同意。

最终的测量量表中包括量化自我信息呈现的测项有 3 个,线上积极反馈的测项有 3 个,顾客感知价值的测项有 9 个,消费者购买意愿的测项有 3 个,如表 4-11 所示。

表 4-11　量表测项构成

变量	测项数量	测项内容	参考文献
量化自我信息呈现	3	在使用 QQ 空间微博微信朋友圈等社交网络的时候,我会发布量化自我的一些照片或图片;当我更新状态的时候;我会写一些量化自我的信息数据或观点;我会表达量化自我的消费感受和情绪体验	Kim J. 和 Lee J. E., 2011
线上积极反馈	3	我在社交网络发布量化自我的照片或图片时,得到关心和支持的频率;我在社交网络发布量化自我的信息和观点时,得到关心和支持的频率;我在社交网络发布量化自我的消费感受和情绪体验时,得到关心和支持的频率	Liu 和 Brown, 2014

变量	测项数量	测项内容	参考文献
顾客感知价值、实用价值、享乐价值、社会价值	9	量化自我信息分享让我感到该产品是我所需要的；量化自我信息分享让我感到产品很优惠；量化自我信息分享让我感到该产品质量很好；量化自我信息分享让我觉得该产品的消费很有趣；量化自我信息分享让我感到很快乐；我很享受量化自我信息分享行为；量化自我信息分享有助于我给他人留下好印象；量化自我信息分享有助于我得到他人认同；量化自我信息分享使我易于被他人接受	Yang H. L. 和 Lin C. L. ，2014
消费者购买意愿	3	我很可能会购买该商品和服务；我对该商品和服务有很高的购买兴趣；我愿意将商品和服务推荐给他人	Eggert，2002

4.2.2.3　预调研

因为本节的问卷是在成熟问卷的基础上根据具体研究问题修改而成的，所以接下来采用预调研来检验量表的信度并修改测项。预调研采用和正式调研同样的方式收集有效问卷 215 份。对数据进行探索性因子分析的结果显示，KMO 值为0.741，Bartlett 球形检验结果显著（p≤0.001），各因子内部的一致性都较好（Cronbach's α 均大于0.7）。

4.2.2.4　数据处理

本节使用偏差校正的非参数百分位 Bootstrap 中介效应检验方法和安装了PROCESS 插件的 SPSS17.0 软件对数据进行分析处理。首先本节采用验证性因子分析方法对共同方法偏差进行统计检验，将量化自我信息呈现问卷、线上积极反馈问卷、顾客感知价值问卷和购买意愿问卷中的测项设定为外显变量，同时将公因子数设定为1，结果显示 χ^2/df、RMSEA、NFI、GFI 和 CFI 的值分别为9.24、0.12、0.53、0.67 和0.56，这表明本节收集的数据中未发现有严重的共同方法偏差问题。

4.2.3　数据结果与分析

4.2.3.1　量化自我信息呈现、线上积极反馈、顾客感知价值和购买意愿的相关关系

数据处理结果显示：量化自我信息呈现、线上积极反馈、顾客感知价值和购买意愿两两之间均存在显著的正相关关系。如表4-12所示。

表 4-12 各变量的相关分析

	M	SD	1. QSP	2. OPF	3. CPV	4. PI
1. 量化自我信息（QSP）	4.15	1.56	1			
2. 线上积极反馈（OPF）	12.88	4.16	0.39**	1		
3. 顾客感知价值（CPV）	33.29	5.98	0.32**	0.41**	1	
4. 购买意愿（PI）	4.12	1.28	0.25**	0.38**	0.46**	1

注：* 表示 $p<0.05$；** 表示 $p<0.01$；*** 表示 $p<0.001$。

4.2.3.2 模型回归分析和中介变量分析

本节在控制人口统计变量如性别、年龄等的条件下，剖析线上积极反馈和顾客感知价值这两个变量在量化自我信息呈现与消费者购买意愿关系中的影响作用。数据结果显示：量化自我信息呈现无法直接预测消费者的购买意愿（$\beta=0.13$，$p>0.05$），然而总体上却对消费者购买意愿有显著的间接影响作用（$\beta=0.35$，$p<0.01$）；量化自我信息呈现对线上积极反馈（$\beta=0.49$，$p<0.01$）和顾客感知价值（$\beta=0.19$，$p<0.01$）有显著的正向影响作用；线上积极反馈直接正向影响顾客感知价值（$\beta=0.29$，$p<0.01$）；线上积极反馈和顾客感知价值分别正向影响消费者购买意愿（$\beta=0.21$，$p<0.01$；$\beta=0.31$，$p<0.01$）。具体如表 4-13 所示。

表 4-13 回归分析模型

回归模型		回归系数和 T 值		模型拟合指数		
结果变量	自变量	β	t	R	R^2	F
线上积极反馈	量化自我信息呈现	0.49	9.58**	0.47	0.21	32.13
顾客感知价值	量化自我信息呈现	0.19	3.92**	0.45	0.25	19.65
	线上积极反馈	0.29	6.96**			
消费者购买意愿	量化自我信息呈现	0.13	1.25	0.55	0.29	22.15
	线上积极反馈	0.21	3.98**			
	顾客感知价值	0.31	6.89**			

注：回归方程中的各变量均已经过标准化处理，* 表示 $p<0.05$；** 表示 $p<0.01$；*** 表示 $p<0.001$。

本节使用偏差校正的 Bootstrap 法和 SPSS17.0 软件对中介效应进行检验，结果显示：线上积极反馈和顾客感知价值在量化自我信息呈现和消费者购买意愿的影响关系之间起完全中介作用，作用大小为 0.25，占量化自我信息呈现对消费者购买意愿的总效应（0.35）的 71.43%。中介效应共包括三条作用路径：路径一为量化自我信息呈现→线上积极反馈→消费者购买意愿，该路径的95%的置信区间不含0，说明线上积极反馈的间接中介效应显著，作用大小为0.12，占总效应的34.29%，假设1成立；路径二为量化自我信息呈现→顾客感知价值→消费者购买意愿，该路径的95%的置信区间不含0，说明顾客感知价值的间接中介效应显著，作用大小为0.07，占总效应的20%，假设2成立；路径三为量化自我信息呈现→线上积极反馈→顾客感知价值→消费者购买意愿，该路径的95%的置信区间不含0，说明线上积极反馈和顾客感知价值的间接中介效应显著，作用大小为0.06，占总效应的17.14%，假设3成立。具体如表4-14、图4-7所示。

表4-14　线上积极反馈和顾客感知价值的中介效应检验

	作用系数	Boot 标准误	Boot CI 下限	Boot CI 上限	相对中介效应
总中介效应	0.25	0.04	0.14	0.27	71.43%
中介效应 1	0.12	0.03	0.04	0.15	34.29%
中介效应 2	0.07	0.01	0.02	0.11	20%
中介效应 3	0.06	0.01	0.02	0.09	17.14%

注：Boot 标准误、Boot CI 下限和 Boot CI 上限分别指通过偏差矫正的百分位、Bootstrap 法估计的间接效应的标准误、95% 置信区间的下限和上限；所有数值保留两位小数。

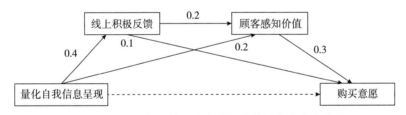

图4-7　线上积极反馈和顾客感知价值的多步中介作用

4.2.4　讨论

相关分析的结果表明，量化自我信息呈现同线上积极反馈、顾客感知价值和消费者购买意愿两两之间均呈显著正相关，说明量化自我信息的社群分享行为与人际交往和消费者行为有着密不可分的关联。进一步的多步中介效应检验结果显示，间接效应共包含三条作用路径：线上积极反馈的独立作用；顾客感知价值的独立作用；线上积极反馈和顾客感知价值的链式中介作用。本节发现，量化自我信息呈现并不能直接显著影响个体的购买意愿，而是通过信息分享后的精神获益和认知改变对购买意愿产生影响。

本节的研究结果表明,线上积极反馈直接正向影响消费者购买意愿,并且在量化自我信息呈现对消费者购买意愿的影响中起中介作用。一方面,线上积极反馈提升了消费者的社会资本,提高了个体在朋友圈的亲密关系质量,个体出于改善人际交往、培育社会资本的动机,倾向于购买产品并继续进行量化自我信息呈现行为。另一方面,线上积极反馈能降低个体的孤独感、抑郁感,带给消费者良好的情绪体验,有效提高自尊水平、自我概念清晰程度、主观幸福感和生活满意度。情感信息模型认为,个体处在正面情绪状态时,会倾向于正面评价目标对象。积极的消费者情绪会促进个体产生购买行为。持续获取良好的情绪体验也会成为消费者购买产品和量化自我的动机之一。不论个体最初是以何种动机量化自我并进行信息分享,线上积极反馈都会给予个体正向的强化作用,将会促进个体继续进行同一行为,即重复购买或将试用转化为购买。

此外,量化自我信息显著正向影响顾客感知价值,而且顾客感知价值在量化自我信息呈现与消费者购买意愿之间起重要的中介作用。数据显示,量化自我的信息呈现行为对顾客感知价值的三个维度均有正向影响,对享乐价值影响系数最高,而对实用价值作用程度最低。相比餐饮消费、服装消费等,文化消费产品如阅读、上课、健身等因其消费周期较长往往存在难以坚持、效果短期无法衡量等特点。因而商家为了鼓励消费者持续参与消费,往往对"打卡"行为给予一定的物质奖励。消费者坚持进行量化自我信息呈现,不仅能够提高消费过程中的享乐价值和社会价值,还能获得物质奖励从而提高产品的实用价值。对于新顾客来说,感知价值的提高会显著正向预测购买意愿;对于老顾客而言,感知价值能够正向影响顾客满意度,继而影响顾客忠诚度,促进重复购买行为。

量化自我信息呈现能够通过线上积极反馈和顾客感知价值的链式中介作用显著影响消费者购买意愿。线上积极反馈对顾客感知价值有着显著的正向影响作用。个体从积极反馈中获得的社会认同感和自我认同感会使得其提升对产品社会价值的认知。朋友圈成员与消费者本人的积极互动会提高消费者对产品享乐价值的评级。而社交网络成员关于产品信息、体验感受的询问交流会加深消费者对产品性能的理解,提升产品实用价值感知。本书聚焦于量化自我的主动性信息呈现行为,通过多步中介效应检验挖掘了量化自我信息呈现如何通过线上积极反馈和顾客感知价值两个独立中介变量的简单作用以及链式中介作用影响消费者购买意愿,更深入地解释了量化自我信息呈现对消费者购买意愿的影响机制,也深化了量化自我理论和营销理论之间的关联研究。

研究启发我们在社交网络时代的企业应高度重视社群分享行为的营销学价

值，激励进行量化自我数据追踪的消费者更多地在其社交圈进行主动信息分享行为。一方面，该行为能够提升消费者对产品的感知价值，通过线上积极反馈与顾客感知价值的单独作用以及两者的共同作用促进购买意愿的形成。另一方面，线上积极反馈的数量、频率、内容丰富性与信息传播范围和影响力正相关，更多的被动性社交网络使用者看到了量化自我消费信息，这将带来目标消费顾客的大幅增长，并促使其中一部分转化为现实消费者。研究的不足在于，本书使用了问卷调查法，对因果关系的证明不够深入，未来研究可以采取实验设计深入挖掘影响购买意愿的关键营销变量，并进行一段时间的追踪研究。产品类型可能对这一作用路径起到了调节作用，未来可以进行这一方面的细化研究。

4.2.5　研究结论

（1）量化自我信息呈现、线上积极反馈、顾客感知价值和消费者购买意愿两两之间均存在显著的正相关关系。

（2）量化自我信息呈现对消费者购买意愿的间接影响作用包含三条路径：线上积极反馈的独立中介作用、顾客感知价值的独立中介作用、线上积极反馈和顾客感知价值的链式中介作用。

5 大学生文化消费问题研究

人作为社会性存在物，不仅具有物质需求，更具有精神文化需求，而且精神文化的消费对物质消费具有能动反作用。随着中国经济的飞速发展和人民生活水平的提高，精神文化的消费将会在人们的日常支出中占据越来越重要的位置。

大学生作为社会人才的储备军，也是未来消费的主力军，其在精神文化方面的消费一方面反映出当代大学生的精神风貌、文化素质和自身涵养；另一方面又反映出家庭、社会以及学校对大学生的管理和教育方面的现状，同时又反映出中国社会的文明程度。大学生是个特殊群体，学历高，代表着未来文化消费发展的趋势；年纪轻，可以培育引导；思想不成熟，缺乏理性，易受西方文化侵蚀和外界消费倾向的影响，其消费心理和行为值得引起重视。因此研究大学生的精神文化消费问题，为大学生提供一个健康的文化消费环境，对于提升文化消费总量和质量、提高消费者素质、促进人的全面进步、提高整个社会的文明程度都具有重要意义。

本章借助文献研究的方法，对精神文化消费等核心概念进行了界定，从大学生精神文化消费的内涵及特征入手，并结合问卷调查，分析了大学生文化消费的特征，深入探究了目前高校大学生文化消费行为方面存在的问题，并对存在的问题进行了理性分析，进而提出了相应的对策，分别从加强对大学生的价值取向教育、加强校园文化对大学生文化消费的引导和加强对大学生网络文化消费的引导三方面入手，对大学生文化消费行为加以正确的教育引导，使得高校大学生的精神文化消费能够健康发展，引领未来潜在文化消费热潮。

5.1 绪论

大学生是一个新兴的群体，他们年轻、有活力，在学校努力学习专业知识，并参加社团或课外活动，以求历练自己，为将来进入社会打好基础。值得注意的是，大学生不仅要提高专业素质，又要提高自身的综合素质。

大学生学历层次较高、文化知识基础好，能够鉴赏和享受各种类型的文化产品和服务，是文化产品的典型消费者。从需求上来讲，大学生年轻、思想丰富多彩、社会经历尚不完备，文化消费在满足大学生精神需求的同时，又能够提高其综合素质，是不可或缺的消费类型之一。但大学生由于经济来源单一，没有自己的收入，往往在消费选择上受制于价格，普遍追求较为低廉的产品。他们追求个性、标新立异，在精神文化消费中容易受到西方思想、个人主义和享乐主义的影响，出现盲目消费、跟风、攀比、炫耀等行为，加上产品本身繁多芜杂、良莠不齐，社会和学校的引导不够，众多原因导致了大学生的精神文化消费存在诸多问题。因此，研究大学生精神文化消费是必要的，更具有重要意义。

5.1.1   研究背景

改革开放以来，中国经济朝着又好又快的方向飞速发展，解决温饱问题后向全面建设小康社会迈进。在物质消费获得极大满足的同时，人们开始注重精神生活。文化消费既能拉动内需，又能丰富人们的精神世界、提高居民综合素质、陶冶情操，进而提高国民整体文化素质。这有利于提高人民主观幸福感，有助于社会稳定团结。

随着文化领域市场化趋势的加快，文化消费在精神文明方面的作用越来越突出，越来越成为现代化建设的精神支柱和动力支持。大学生毕业后都要走向工作岗位，需要在大学期间对社会、对职业、对人际交往有着脚踏实地的了解和认识，更需要努力提高自身素质，适应社会和大众文化，以便将来接受社会文化潮流的洗礼。但是由于大众文化的商业性使得它的价值只有通过经济交换才可以实现，部分经营者为了获得经济利益而倾向于忽视文化价值。小部分大学生还不具备成熟的明辨是非的能力，容易选择错误的产品从而对身心造成负面影响。

大学生作为半个社会人，有责任和义务去提高自身的精神文化水平。大学生朝气蓬勃、青春活泼、思维敏捷、善于接受新鲜事物，是社会消费潮流的风向标，甚至在某种程度上能够引领社会的消费方式。大学生虽然暂时没有收入，但不久之后就会成为职业人，具备各种物质消费能力，是文化消费的潜在主流消费者。此外，精神文化方面的消费，还有助于形成正确的世界观、价值观和人生观。大学生心智的不成熟，容易受到不良文化的侵蚀，更需要努力提高自身的精神世界，坚强意志，因此研究当代大学生的精神文化消费问题是必要且重要的。

5.1.2   研究目的

当前随着社会和经济的发展，人们在满足一定物质需求的同时，对精神文化消费的需求也给予了更多的关注，使得精神文化消费成为人们生活中不可或缺的一部分。精神文化消费的内容实质上是精神的，即是无形的，所以其内容的传播必须依赖于一定的物质载体,在现实生活中其载体表现为两种形式,一种是实物形态的,如书和音像制品等;另一种是劳务形态的,如社会活动、科研讲座等。

大学生精神文化消费是指大学生为了满足需求而消耗各种文化消费品和劳务的过程。目前在校大学生正处于学习知识、接受教育、储备能量的特殊阶段,因此大学生精神文化消费从范围上看,表现为校内、校外文化消费,课内、课外文化消费和公共、自购文化消费。

而在现实生活中文化领域市场化已成为一种必然的趋势,因此我们应当看到精神文化消费在当今不仅属于产业范畴具有经济功能,同时还属于精神文明范畴,为现代化提供智力和精神动力支持。社会上激烈的竞争可以突出地表现在在校大学生的就业上,使得具有提升知识素质、愉悦心情和缓解压力功能的文化消费成为大学生生活的主要部分之一,大学生除了接受校内主导、精英类型的精神文化消费外,也十分追捧雅俗共赏的大众文化消费产品。但大众文化的商业性使得它的文化价值往往需要通过市场交换后的经济价值来实现,这样就使得部分经营者为了追求利益而忽略文化价值,再加上经济全球化条件下中西方文化的广泛交流,可能会对大学生产生一定的负面影响。所以大学生的精神文化消费关系到一个地区乃至一个国家的稳定和发展。

基于上述分析,本章将聚焦高校大学生精神文化消费内容,评估其是否有利于高校大学生自身和社会的健康发展,通过对高校大学生精神文化消费的现状进行实际调查,厘清大学生精神文化消费中存在的问题,提出有针对性的对策建议,有助于对大学生群体进行正确的引导。这不仅在一定程度上有利于大学生树立正确的价值观、维护社会稳定,而且能够极大地提高大学生自身的综合素质、促进本地经济的快速发展。

5.1.3 研究意义

本章对大学生精神文化消费现状、存在问题及对策的研究有着重要的理论意义和现实意义。

5.1.3.1 理论意义

(1) 充实高校大学生文化消费的理论内容。大学生是一个特殊群体,具有高学历、年纪轻、收入低、思想灵活等特征,普通的消费理论不一定适合大学生群体。将大学生作为专门的群体进行研究,有助于深入剖析该群体与整体居民的差异,有助于充实文化消费理论。本章的实证研究将以河南省郑州市的数据为例。河南省是中国人口第一大省,其文化消费具有典型意义。郑州市是河南省教育资源最集中的城市,选择郑州市作为问卷收集的地区能够确保接触到尽可能多的大学生，保证样本的代表性。郑州高校大学生精神文化消费既遵循了全国大学生精神文化消费的共性，又因郑州的特殊性而具有不同于其他地区的个性。因而本章对郑州高校大学生精神文化消费的研究遵循特殊到一般的逻辑关系，对郑州高校大学生文化消费的正确引导可以看作是宏观上对我国大学生精神文化消费正确引导这一一般问题的特殊化研究，其中既有一般问题的研究，也有郑州特殊情况分析。

（2）丰富有关大学生意识形态教育的途径。精神文化消费是一种高层次的观念形态的消费，是一种塑造人、陶冶人的消费活动，因而精神文化消费是一个无形的过程，对人的内心世界发生作用，直接或间接、自觉或不自觉地影响人的思想、情感、心灵和行为以及价值观念。深入剖析大学生文化消费的基本概况、基本特征，能够丰富对大学生进行意识形态教育的途径。

5.1.3.2　现实意义

（1）有利于推进全社会思想道德建设。消费不仅关乎社会主义物质文明建设，它同样也是社会主义精神文明建设的重要方面。物质文明与精神文明正是通过消费这一行为才能牢牢地联系在一起。提高文化消费水平，有利于加强社会主义精神文明建设和全社会的思想道德建设，促进社会主义先进文化的繁荣发展，建设社会主义文化强国。

（2）满足大学生精神生活需要，提高其综合素质。社会主义事业向前发展需要大量的高素质合格建设者和管理人才贡献力量，大学生作为社会主义事业的接班人应该通过各种途径培养、塑造和提高自己的综合素质。文化消费能够培育消费者的欣赏眼光和鉴赏水平、提高居民的知识水平、改善知识结构、提升就业者的生活和职业技能，从思想、技能、格局多方提高人的综合素质。

（3）有利于和谐校园、和谐社会建设。大学生精神文化消费是高校精神文明建设的重要内容。了解目前大学生精神文化消费的现状，知晓存在的问题，提出自己的观点与建议，有助于改善大学生目前消费结构不合理、非理性消费和盲目消费、低层次消费的现状，引导大学生树立正确的精神文化消费观念，养成良好的消费习惯。一个国家要想实现全社会的和谐，离不开教育的引导。尤其是自制力欠缺的青年大学生，他们不可能完全做到理性消费、量入为出，如果没有后天的教育和引导，他们的消费观很容易出现偏差，在长期的不良消费行为的影响下，势必会影响他们未来的人生观、价值观的形成，最终不利于构建社会主义和谐社会。

5.1.4　研究结构与创新之处

（1）研究结构。本章的研究结构分为以下几个部分：首先，提出研究问题、研究目的和研究意义；其次，对大学生文化消费的相关理论进行文献综述；然后，对大学生文化消费问题进行界定和实证研究，根据调研数据总结出大学生文化消费的基本概况、基本特征和存在的问题；最后，根据文献综述和国内外相关经验对大学生文化消费问题给出有针对性的政策建议。

（2）主要创新点。关于精神文化消费的相关研究很多，本章在借鉴前人研究成果的基础上，通过问卷法和访谈法，实地调查了在校大学生的精神文化消费的情况，较系统、全面地研究了大学生精神文化消费的新特点和存在的问题，试图为大学生精神文化消费的发展提供有效建议。

5.1.5　研究方法

本书的研究方法主要有：问卷调查法、文献研究法、定量分析和定性分析法等。

（1）问卷调查法。通过设计问卷，对郑州的高校大学生进行抽样调查，其目的是积累第一手数据为问题分析及对策分析提供依据。同时，本书还会使用访谈法和焦点小组讨论法，对郑州高校大学生文化消费的情况进行较为全面深入的了解。

（2）文献研究法。通过查阅和综述前人关于精神文化消费的成果，获取对文化消费的主要理论框架；通过分析现有对消费群体的研究成果，发现当前研究的空白和薄弱之处，选择最好的角度对大学生文化消费状况进行分析，并结合国内外学术文献和历史资料，提出有针对性的政策建议。

（3）定量分析和定性分析法。问卷数据的录入、处理和分析使用了 SPSS：采用定量分析方法对调查结果进行百分比计算并用图表表示，使其具有一定的代表性、客观性、有效性和可信性。另外辅之以定性研究，这将为调查报告的科学性提供更加坚实的基础，使得政策更具参考价值。

5.2　文献综述

文化建设是现代文明的基石，它对经济建设有推动力、对思想建设有感召力、对环境建设有渗透力、对国际交流有媒介力，因而文化发展是一个国家现代化建设不可或缺的重要组成部分。精神文化消费作为文化发展必不可少的重要一环，从某种意义上说，对精神文化消费的分析和研究具有极为重要的意义，正确引导精神文化消费是社会全面发展的要求，也是推动社会文化发展的重要动力。

5.2.1　物质消费

消费属于经济学的范畴。马克思主义经济学认为，所谓消费，就是人们在一定的社会经济关系中，借助这种社会经济关系而进行的用消费资料满足自己生活需要的行为和过程。

物质消费是指为满足日常衣、食、住、行等有关生活物品和劳动资料方面的消费。物质消费是人们与自身的某种基本生活需要相联系，以物质性的满足为主要目的，注重商品的内在质量特性，直接利用商品的实际效用。

5.2.2　精神文化消费

精神文化消费是指人们为了满足自己的精神文化生活而采取不同的方式来进行文化娱乐性消费和文化教育性消费的行为。文化娱乐性消费主要有：电影电视、杂志、游戏、K歌、旅游等，旅游消费最为大众。自"五一""十一"黄金周和其他节假日实行以来，旅游人数暴增，旅游收入更是可观。在经济飞速发展、科技日新月异的今天，我们的知识也需要不断更新才能跟上时代的潮流。人们也不再局限于校内学习，越来越多的人坚信活到老学到老，进入社会以后也在不断学习，不断充实自己。随着教育体制的改革，人们的教育性消费支出也在不断增加。

精神文化消费是分层次的，这主要是由于文化消费的主体素质和文化修养不同，价值趋向、兴趣爱好及收入水平不是整齐划一所决定的。一般将其分为普及型或大众化的精神文化消费和提高型或高品位的文化消费；有基于生存需要的文化消费（如为谋生学习必需的基础文化知识和专业技能），也有基于发展的文化消费（如适应时代对高素质复合型人才的需要，在熟悉或精通有关专门知识的同时学习电脑、外语及驾驶技术等）。此外，有消遣型文化消费、娱乐型文化消费、享受型文化消费、社交型文化消费、发展型文化消费和智力型文化消费等，这其中消遣型、娱乐型文化消费属于较低层次的消费，享受型、社交型、发展型和智力型文化消费属于较高层次的消费。

5.2.3　国内外研究现状

专门的精神文化消费研究晚于其范围内的文艺消费。20世纪二三十年代国外文化社会学研究兴起，文艺消费的研究取得了举世瞩目的成果，文化消费研究理论则主要是"二战"后法兰克福派对大众文化的研究理论。但令人遗憾的是西方经济学关于消费问题的研究虽然没有明确排斥精神文化消费的内容，但从实际表达来看其主要是研究物质消费。

国内的消费经济学在改革开放之前以研究物质消费为主，因为在我国计划经济时代，精神文化消费研究不具有多大意义。我国经济在改革开放后得到了快速发展，因此学术界开始关注文化消费的研究，司金銮先生对 1985～1992 年的文化消费做了梳理，虽然概括比较笼统，但提出了许多很有价值的观点，这可以认为是我国早期对文化消费研究的一个评述。随着中国经济的飞速发展，精神文化消费的地位越来越重要，同时大学生是一个特殊的文化消费群体，作为受教育者，享受不是主要目的，精神文化消费对于他们来说更是一种智力投资，一方面为满足明天的生存需要，另一方面更有利于他们的终极发展。因此研究大学生精神文化消费是一个特别值得重视的研究角度。

目前，国内对精神文化消费的研究主要集中在文化消费理论研究、文化消费不同对象的研究、文化消费对策措施研究这几个方面。

从宏观上论述精神文化消费的文章较多，其中对文化消费的含义的论述主要有以下代表观点：①文化消费是指人们为了满足精神生活的需要，采取不同的方式消耗文化品和劳务的过程。②文化消费是指以一定物质或服务劳动为载体的精神获取行为。③文化消费是指文化产品和文化服务的占有、欣赏、享受和使用等，其实质是对社会及他人提供的精神财富的消耗。

5.2.4 精神文化消费的演变过程

改革开放以来，我国社会整体文明得到了很大推进，身处其中的大学生精神文化消费也随之发生了重大转变。这种转变既是青年人共同的心理历程，也反映出他们所处时代的特点。分析改革开放以来大学生精神文化消费的演变历程，有利于更好地研究当代大学生精神文化消费的新特点，也有利于对大学生未来几年内精神文化消费进行预测。演变过程如表 5-1 所示。

表 5-1　精神文化消费的演变过程

时间	典型	特点
1978 年到 20 世纪 80 年代中期	"象牙塔"形精神文化消费	1. 求知； 2. 与社会联系较少； 3. 消费数量和质量差异小，消费结构稳定； 4. 追求实用； 5. 以诗歌创作、电影欣赏和严肃音乐赏析为主

续表

时间	典型	特点
20 世纪 80 年代中期至 90 年代中期	"二重二轻"型精神文化消费	1. 与社会联系紧密，消费行为受家庭状况和社会环境制约； 2. 重物质享受，重人际交往的消费； 3. 轻精神消费，轻学习资料的消费
20 世纪 90 年代中期至今	"理性"型精神文化消费	1. 自由支配时间增多； 2. 休闲度假消费成为趋势； 3. 旅游观光和网络文化消费新兴

资料来源：笔者根据相关文献总结而得。

5.2.5　大学生精神文化消费的理论依据

（1）需要层次理论。需要作为人的行动的驱动力，是指人的一种存在状态，即生理存在、社会存在和精神存在的状态。精神文化消费就是在人的精神存在匮乏状态时产生的。需要促进再生产，再生产是为了满足需要，即消费。

马斯洛是美国的人本主义心理学家，他于 1943 年出版的《人类动机的理论》一书中，初次提出了"需要层次理论"，把人的需要由低到高大致归为生理需要、安全需要、社交需要、尊重需要和自我实现需要五个层次。后来，他把人的需要增加为七个层次，其中生理需要、安全需要、归属需要属于初级需要，受尊重的需要和自我实现的需要属于中级需要，而求知需要和求美需要则属于高级需要。

继马斯洛之后，美国行为激励学派心理学家克莱顿·阿尔德佛（Clayton Aldefer）于 1969 年在《人类需要新理论的经验测试》一文中，又对需要层次进行了修改和简化，提出了关于人的需要的 ERG 理论。该理论将人的需要进一步归结为三种基本类型：生存的需要（Existence Needs），这是人的基本需要，对应于马斯洛需要层次理论中的生理需要和安全需要；关系的需要（Relatedness Needs），即对人际关系与人际交往的需要和欲求，对应于马斯洛需要层次理论中的归属需要或社交需要；发展的需要（Growth Needs），也称成长需要，及追求个人发展和成就的需要和欲求，对应于马斯洛的需要层次理论中的尊重与自我实现需要。

（2）恩格尔系数定理。随着我国物质文明和精神文明建设进程的推进，精神文化消费作为较高层次的消费，其地位和需求总量都在持续、稳定的提升，现已成为我国目前消费领域的消费热点之一。

"恩格尔系数"在经济学上是指在一个家庭的全部支出中，用于吃的支出所占的比例。它在一定程度上反映着人们的生活水准。这个比例越低，标志着生活水准越高。恩格尔系数在59%以上为贫困，50%～59%为温饱，40%～50%为小康，30%～40%为富裕，低于30%为最富裕。我国居民的生活和消费水平已向全面小康社会迈进，标志着我国消费结构进入一个重要阶段。

恩格尔定律说明随着收入的增加，在全部支出中用于食物的支出所占的比重会下降，而用于精神文化消费方面支出会逐步上升。当文化消费低层次需求得到基本满足后，将会产生更高层次的需求。目前随着生活的改善，科学文化水平不断提高，发展型精神文化消费在文化消费总支出中占越来越大的比重。知识经济的发展中，高质量人力资源的培养和开发，有多重途径，其中文化消费是重要手段。因此要通过各种手段，优化消费结构，加大大学生文化消费中发展型文化消费的比例，应当主要加大各种形式的教育消费和信息消费，使大学生顺应和推动社会的发展。

5.3　大学生文化消费的现状描述及其分析

5.3.1　调查问卷概述

本次有关大学生精神文化消费状况调查的主要对象是郑州几所高校的在校大学生。高校主要是郑州大学、河南工业大学、河南财经政法大学、河南农业大学、司法警官学院、河南中医药大学、郑州轻工业大学、河南教育学院和华北水利水电大学。

此调查问卷共分为两个部分，第一部分是个人基本情况统计，包括性别、年级、家庭群体，家庭月收入等；第二部分是关于精神文化消费的调查。从宏观上，统计了在大学生观念中，目前对精神文化消费环境的满意度，校园在这方面建设的程度；个人方面，着重统计了在校大学生对图书馆的利用率、阅读、看电影以及网络方面的支出情况，在访谈中了解到大学生网络的普及率较高，既调查了大学生上网时间、目的等，因为消费具有从众性，又调查了大学生在精神文化消费方面的观念，题量稍多。

此次问卷的发放通过两种方式：一方面通过调查员在学校里进行随机拦截，选择愿意配合的被调查者填写问卷，给予诱因刺激，调查员的监督和解释能够保证问卷填写完整；另一方面使用问卷星设计在线问卷，将链接发放到各个学校的微信、QQ群和论坛中，只有填写完整的问卷才能提交。总共累计发放问卷2000份，有效问卷1950份，有效回收率为97.5%。

5.3.2　大学生精神文化消费相关情况统计

（1）被调查者的基本情况如表5-2所示。

表5-2　被调查者的基本情况统计数据

内容		数量（人）	所占比例（%）
性别	男	1080	55.38
	女	870	44.62
年级	大一	380	19.49
	大二	510	26.15
	大三	360	18.46
	大四	700	35.9
所在地	城市	640	32.82
	乡镇	660	33.85
	农村	650	33.33

被调查者男生与女生比例分别为55.38%和44.62%，基本符合高校普遍的性别比例；被调查者从大学一年级到四年级均有；来自城市、乡镇和农村的同学分布比较均匀。总体上来说，问卷发放的分布范围比较全面和合理。

（2）被调查者的收入及支出情况。由于收入决定支出，根据我国国情和大学生收入的现实情况，家庭经济条件对大学生的收入有最直接的影响，下面从大学生家庭经济情况和本人收入情况入手展开分析，结果如表5-3、表5-4及表5-5所示。

表5-3　家庭月收入

收入金额（元）	1500以下	1500~2500	2500~3500	3500~4500	4500以上
人数	120	300	460	390	680
比例（%）	6.15	15.38	23.59	20	34.87

根据表5-3，大学生家庭月收入基本在1500元以上，其中以4500元以上居多，这说明无论是城市、农村还是乡镇，生活水平都有了普遍的提高。家庭收入增多，教育支出也会相对增多，特别是大学生，大学费用的支出依然是家庭教育支出中的主体。

表 5-4　大学生收入来源

收入来源	兼职所得	家人给予	朋友支持	其他渠道
人数	680	1030	90	150
比例（%）	34.87	52.82	4.62	7.69

表 5-4 显示一半以上的学生完全靠父母支持生活费，还有部分学生通过兼职来获得生活费，此外还有同学会通过助学金、奖学金等来获取生活补贴，但那毕竟是少数。

表 5-5　大学生月生活费分布

月生活费（元）	1000 以下	1000~1500	1500~2000	2000 以上
人数	180	860	660	250
比例（%）	9.23	44.1	33.85	12.82

从表 5-5 中可以看出，大学生的月生活费多在 1000~2000 元。结果显示，大学生每月的开支并不少，且占到家庭开支的较大一部分，家庭供学生上学的经济压力较大。

（3）被调查者精神文化消费情况如表 5-6 所示。

表 5-6　大学生精神文化消费分布

消费目的	提升文化修养	日后就业需要	发展个人爱好	其他
人数	1060	390	390	110
比例（%）	54.36	20	20	5.64

从表 5-6 可以看出，更多的学生认为精神文化消费的意义在于提升个人文化修养，这与精神文化消费的宗旨不谋而合。中国经济越来越发展，物质消费越来越多样，但是精神世界的匮乏是多少物质消费都弥补不了的。大学生进行精神文化消费有利于提高自身修养，也有利于发展个人爱好，为以后就业提供素质基础。

表 5-7　大学生精神文化消费的主要目的分布

消费目的	人数	比例（%）
打发时间	390	20

续表

消费目的	人数	比例（%）
个人爱好	1010	51.79
增加文化知识，提升价值	940	48.21
缓解压力，放松心情	1090	55.9
强身健体，促进身心健康	570	29.23
其他	80	4.1

由表5-7可以看出，大学生认为，进行精神文化消费的主要意义在于提升自身的文化素养，不过在消费目的上，更多的人认为主要是为了满足个人兴趣爱好和缓解压力、放松心情。可见，大学生的消费目的和真正的消费选择会存在差别，这也与大学生好奇、有活力、心智尚不成熟的特点有关。

表5-8　影响大学生精神文化消费的因素

影响因素	实用原则	流行指标	价格高低	攀比心理
人数	850	420	580	100
比例（%）	43.59	21.54	29.74	5.13

由表5-8可以看出，当被问到大学生进行精神文化消费的影响因素时，实用原则是首选，证明大学生消费理性思维的存在。同时，大学生的生活费有限，家庭经济压力较大，所以进行精神文化消费的价格高低也是重要的影响因素。另外，大学生追求新奇时尚，流行指标对精神文化消费的影响也很大。

表5-9　大学生精神文化消费的类型

消费类型	人数	比例（%）
知识类：如书籍、报刊等	900	46.15
休闲类：如旅游、看电影等	1300	66.67
运动类：如健身等	780	40
娱乐类：如影视、游戏等	980	50.26
其他	140	7.18

大学生是一个特殊的群体，他们活力张扬，标新立异，因此精神文化消费的类型也呈现出多样化的特征，百花齐放。但是主要集中在休闲娱乐类上。由此可

见，大学生更多的是为了放松心情、减轻压力，而且大学生接受能力强，乐于尝试新鲜事物，所以，大学生的文化消费种类比较繁杂。

（4）大学生网络文化消费情况。虽然大学生在校园接触电视的机会较少，但电视还是获知文化信息的重要渠道，而网络这一媒介的日益兴起，对大学生获取更多的信息提供了更广泛的渠道，网络涉及各方面的文化信息，网络文化也影响着大学生的消费理念和消费方式，对大学生进行文化消费的影响也日益凸显。

鉴于网络媒体的发展以及对大学生文化生活的影响日益加深，大学生每天上网时间也越来越长，本次问卷还着重涉及了网络文化这方面的内容。主要统计了大学生上网时间、上网目的和在网络方面的支出。具体情况如图5-1、图5-2及图5-3所示。

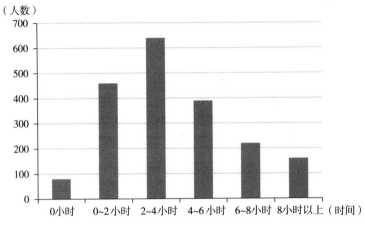

图5-1　大学生每天上网时间分布

由图5-1可知，大多数的学生每天的上网时长集中在2~6小时，这说明大学生时间比较宽松，自由支配的比重较高。但是从倾向上看，大学生更愿意把时间花费在网络活动上，而不是去图书馆或进行户外运动，这说明大学生在网络文化消费上的抵抗性较差，更容易受到不良文化的影响，特别是网络传播速度快、传播范围广，这就要求大学生合理安排好自己的闲暇时间，充分利用。

由图5-2可知，大学生主要从事的网络活动为看公众号文章、看电影和看新闻，其次为聊天、玩游戏等。可见网络给大学生提供了丰富的文化活动。网络在获取信息的速度和范围等方面有着巨大的优势。但不可忽视的是，网络是把"双刃剑"。在信息高速发展的今天，网络上也充溢着良莠不齐的信息资源，渗透在各类型的网站，对大学生的身心都会产生一定的影响。

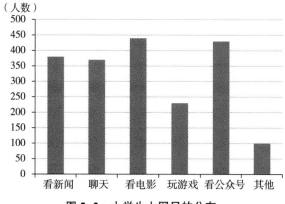

图 5-2 大学生上网目的分布

5.4 大学生文化消费问题分析

尽管当今大学生的物质和精神文化生活有了很大改善，但他们在文化领域的消费仍然存在一些不容忽视的问题。大学生年龄一般在 18～22 岁，处于这个年龄段的他们身体发育已经趋于成熟，但是其思想并没有随着身体的成熟而成熟，感情比较丰富，容易受他人影响，易偏激且不稳定。面对社会上各种良莠不齐的文化消费产品，大学生的文化消费需求和愿望强烈但是他们并不具备全面的甄别能力，消费观念和消费方式也还未定型。这些问题不仅反映出高校文化素质教育的现状，同时也折射出了当代大学生在思想文化素质方面的不足。

5.4.1 消费主体支付能力有限

日趋激烈的市场竞争对大学生素质的要求越来越高，丰富多彩的精神文化消费品为大学生提供了广阔的选择空间，大学生的精神文化消费欲望膨胀，如图5-3所示。

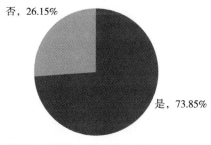

图 5-3 大学生在精神文化消费上投入金钱时间意愿比重

由图 5-3 可知，大部分大学生愿意在精神文化消费中投入金钱和时间精力，比重高达 73.85%。由此可见，大学生有着强烈的消费欲望，在精神文化产品市场的消费潜力巨大。此外还有人愿意在看电影和网络活动上投资，但是投资比重都不高，由此可见，大学生在精神文化消费上欲望较强烈，但是受支付能力的约束。

随着生活节奏的不断加快，大学生一方面面临精神文化消费品的迅速更新换代，另一方面又要考虑自己通过精神文化消费培养出来的素质是否适应市场竞争。但市场上的文化商品和服务必须遵守等价交换的原则，大学生经济支付能力有限，只好把更多的消费寄希望于学校，因而对学校公共文化消费提出了更多更高的要求。比如要求学生宿舍实现宽带上网，教室实现多媒体化，要求学校经常邀请国内、国际知名专家、学者前来讲学，要求定期、免费为大学生举办社会流行的各种职业技术资格认证培训、辅导班等。

5.4.2　大学生文化消费结构不平衡

当前大学生精神文化消费在消费需求和消费结构上都显现出一些问题，阻碍了大学生精神文化消费发展的进程。具体表现在：

（1）大学生精神文化消费的需求与供给不均衡。总体来看，当前市场上的文化消费产品和服务供给量不能满足大学生日益增长的文化消费的总需求，与当前大学生精神期待还存在一定的距离。调研结果显示，76%的大学生认为目前文化消费市场的产品供给不能完全满足自己的需求。

在知识经济的今天，特别是对于大学生这类拥有较高学历背景的消费群体而言，发展型消费的供应更有助于提高大学生的知识水平和文化素质，那些能够提升大学生文化素质和精神思想的高质量文化产品的供给还相当有限，具有较高思想性和艺术性的优秀文化产品和服务还不多，造成大学生所能享受到的文化消费领域呈现出供求不均衡的现象，局限了大学生精神文化消费的发展。

（2）大学生文化消费结构不合理。大学生文化消费结构不合理主要表现在他们消遣和休闲的娱乐型消费占比较大，而用于提升大学生自身素养的发展型消费较少，内容层次上呈现出不平衡性。如图 5-4 所示。

大学生喜好娱乐消费无可厚非，但随着娱乐市场的不断发展，衍生出一些为适应市场需求而生产的低层次的文化消费产品和服务，娱乐消费也盲目追求外部的高档化和享乐主义，这种大众文化所呈现出的低俗性严重影响了大学生文化消费的倾向，使其偏向低层次的娱乐享受型消费而忽视能提升自身素质的高层次的文化消费。这除了与大学生自身消费水平和消费观念的制约相关外，也与当前发

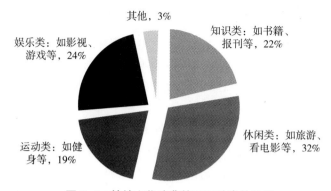

图 5-4　精神文化消费的不同种类的比重

展型消费的供给不平衡等因素有关，而正是这些原因铸成了大学生文化消费结构的不合理性。

（3）精神文化消费形式多样，但高层次文化消费较少。网络的发展，扩大了大学生消费方式和内容。以互联网为载体的网络文化，具有易于传播、易于获取、影响范围广泛、渗透性强、监管不足等特点。当前与其他精神文化消费方式相比，网络文化消费对高校大学生的影响已处于绝对优势的地位。大学生道德的弱化、价值观念的转变都和网络文化消费内容有着高度的相关性。

当代大学生网络文化消费的内容中娱乐性消费内容所占的比重非常高，而网络本身所具有的学习功能、信息共享功能未能被大学生充分利用。在调查中，有41.54%的学生上网的主要目的是看新闻和浏览公众号，但是这里所谓的新闻和资料有很大一部分的比例是指娱乐、体育和花边新闻，而且单纯选择聊天、看电影和玩游戏为目的的学生也有不少。对很大一部分同学来说，互联网为他们提供的仅仅是一种娱乐方式，所谓的网络文化消费不过是消磨时间、排解压力、放松心情的手段。在他们的网络文化消费中，网络游戏、电影电视和聊天等几乎占据了全部。可见，虽然当代大学生网络文化消费的内容不尽相同，但主要集中在娱乐型消费上，真正将互联网丰富的资源用于学习和个人发展服务的人还是少数。

（4）文化消费环境复杂。大学生是校园的主体，他们所消费的文化产品的性质内容在一定程度上更多地与学校有关，因此在学校财力有限的情况下，必须着力提高校园文化消费供给。同时，大学生精神文化消费的价值在于提高大学生的文化修养、知识修养和道德修养，因而正确引导大学生的文化消费对提高整个校园的文化氛围、文化品位和建设一个文明、健康的校园环境有着不可估量的作用。

　　大学生文化消费环境按其存在方式大致可分为真实环境和虚拟环境。前者主要是指学校、家庭、社会，而后者主要是指以互联网为主题的现代传媒空间。现代社会的文化消费环境为大学生精神文化消费提供了广阔的选择空间，同时也使大学生陷入了精神文化消费困境。

　　从校园文化消费环境看，大学是从学生转变为社会人的重要一环，它使大学生的德、智、体、美全面发展，为国家和社会提供接班人和建设者，校园文化更多的是追求历史传统文化的继承和创新，追求人文精神和科学理念的弘扬与传播，培养大学生的真善美的认知能力，提升他们的精神境界，体现对人的终极关怀，因它倡导的是一种具有终极关怀的正确的精神文化消费观。

　　从家庭文化环境看，它所倡导的是一种以关心子女个人幸福为目的的实用主义文化消费观。从调查中我们可以看出，来自城市、乡镇和农村的大学生分布均匀，但是家庭收入确实差别较大。具体如表5-10所示。

表5-10　被调查者家庭所在地和家庭月收入统计

		家庭所在地			
		城市	农村	乡镇	合计
家庭月收入	1500 元以下	40	60	20	120
	比例（%）	33.3	50.0	16.7	100.0
	1500~2500 元	40	140	120	300
	比例（%）	13.3	46.7	40.0	100.0
	2500~3500 元	90	160	210	460
	比例（%）	19.6	34.8	45.7	100.0
	3500~4500 元	130	160	100	390
	比例（%）	33.3	41.0	25.6	100.0
	4500 元以上	340	130	210	680
	比例（%）	50.0	19.1	30.9	100.0
	人数合计	640	650	660	1950
	比例合计（%）	32.8	33.3	33.8	100.0

资料来源：笔者由调研数据统计分析而来。

　　由表5-10的数据可知，大学生来自不同的社会群体，家庭收入也不同，受经济条件、个性心理、相关群体、性别差异等的影响，消费行为会存在差异。但总体来说，大学生大多追求消费体验的方便舒适，尚处在满足自身生存和发展需要的阶段，一定程度上忽视了自身的终极发展，追求更高层次需要的动力不足，这与大学生的角色与培养目标不符。

　　从社会文化消费环境看，改革开放以来，社会主义市场经济体制逐步完善、社会群体分化、市场自由化也导致文化消费需要多元化。

　　由表5-11可知，精神文化消费在文化产品种类、文化产品价格、网络化程度、市场化程度和消费氛围这五个方面的评分都在3分以上，平均分最高的是精神文化消费的网络化程度，为3.52分。信息科技的飞速发展把当代大学生的文化消费带入虚拟的网络环境中。大学生作为信息时代最积极最活跃的人群，已经成为网络的主要用户，在这种环境里，通过交互式平台极大地调动了大学生的精神文化消费，网络以如此大的信息容量、惊人的传递速度和集声光图像于一体的优势满足了他们求新立异的心理要求。另外，匿名、双向的交流方式深受大学生的喜爱。现在的大学生手机不离身，时时处处在与社群的联系中。文化产品和文化消费观念的网络传播非常快捷广泛。自媒体的发展使得普通人可以在网上获得多方关注，发表自己的言论评价。根据调查，网络已经成为大学生精神文化生活的重要组成部分。

表5-11　被调查者对文化消费产品和市场化程度的评分统计

	1分	2分	3分	4分	5分	平均
	人数	人数	人数	人数	人数	
文化产品种类	140	410	680	460	260	3.15
比例（%）	7.18	21.03	34.87	23.59	13.33	
文化产品价格	190	270	770	540	180	3.13
比例（%）	9.74	13.85	39.49	27.69	9.23	
网络化程度	90	190	580	800	290	3.52
比例（%）	4.62	9.74	29.74	41.03	14.87	
市场化程度	120	300	660	670	200	3.27
比例（%）	6.15	15.38	33.85	34.36	10.26	
消费氛围	90	320	720	580	240	3.29
比例（%）	4.62	16.41	36.92	29.74	12.31	

　　但网络文化环境的特点也会产生一些负面影响，在网络文化消费环境中，各种文化消费品，包括高雅的、庸俗的、国外的、正面的、反动的等一起出现。有

的现象可能短期内看不出多大坏处，但是如果我们不及时注意和采取坚定的措施加以制止，而任其自由发展，就会为消费者带来负面影响，甚至产生不好的长远效果。这个问题关系到我们的事业将由什么样的一代人来接班，关系到党和国家的前途和命运。因此要理智对待网络文化中的垃圾文化，防止西方政治和道德价值观念的渗透，在百花争鸣的文化环境中识别对自己有益的正面的文化作品尤为重要。除了大学生自己要努力学习、不忘初心、牢记使命以外，家庭和学校的监管也必不可少。

（5）大学生精神文化消费过分依赖互联网。时代在变迁，科技在发展，大学生的精神文化消费也随之发生了变化，出现了过分依赖网络消费的现象。

大学生课业负担繁重，还有体育活动、人际交往、实习实践等活动，时间十分珍贵紧凑。但是，如图 5-5 所示，大学生仍然每天花费几个小时进行互联网上的各项活动。同学们普遍使用网络看电影、玩游戏、浏览网站、刷自媒体平台、网上购物、网上充值和缴费等，还有人在网上开店来赚取外快，甚至是专职经营网店。学校的许多活动也越来越网络化，网上募捐、网上义卖、网上投票等，这一系列的网络活动既简化了学校工作人员的工作，又方便了同学们。随着精神文化消费产品越来越丰富多彩，网络上的各种文化产品和服务也会越来越普及。大学生学习能力强，善于接受新鲜事物，对各种黑科技十分感兴趣，是网络活动参与和分享的主力军。许多学生喜欢宅在宿舍，一人一台电脑，沉浸在自己的虚拟世界中，减少了面对面的交流和体育活动，一定程度上会疏远与同学间的关系。有些学生在吃饭的时候刷视频，上课时戴着耳机看视频，会影响正常的学习生活和身体健康。过度依赖网络对大学生具有负面影响。网络活动有利也有弊，需要合理利用。

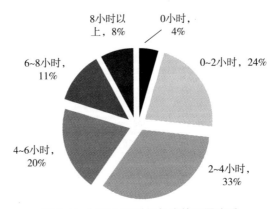

图 5-5　每天上网时间长度的不同比重

5.5 大学生文化消费提升建议

大学生正处于世界观、价值观和人生观形成的重要时期，他们的精神文化消费如果能够得到正确引导，形成正确的消费观，既有利于培养他们德、智、体、美全面发展，为社会主义的现代化建设提供人才，又有利于社会良好风气的形成，推动社会经济政治文化的协调发展。因此社会要营造良好的文化环境。

大学生作为社会人，其精神文化消费始终是在社会这个大环境中进行的，理所当然需要全社会的重视。

（1）充分利用各种媒体，树立正确的社会消费观。新时代我国社会的主要矛盾，已经转化为人民日益增长的美好生活需要和不平衡不充分的发展之间的矛盾。这个美好生活需要已经不只是要稳定解决温饱问题和物质文化需要，还包括要满足人们在民主、法治、公平、正义、安全、环境等方面日益增长的要求，以更好地推动人的全面发展、社会全面进步。我国脱贫攻坚战取得了全面胜利，消费结构升级持续进行，教育、娱乐、文化、旅游等成为新的增长热点。为了合理引导居民消费，政府要营造良好的文化环境。利用各种文化传播媒体，提高大众的文化品位。如今，卫星电视、互联网的迅速发展使得信息的获取不再受时间和地点的限制，也给文化传播带来了便利。国家要合理规范媒体业的发展，加大舆论宣传力度，加强传统媒体与新型媒体之间的合作，共同宣传社会主义先进文化，广泛普及科学文化知识，科学评价文化产品质量，正确引领文化传播风尚，在全社会范围内形成健康的文化舆论环境和健康的消费风气，实现包括大学生在内的消费者们对健康文化消费的普遍认同和积极参与。

（2）优化文化产业，规范文化市场秩序。我国近年来文化产业的发展取得较大成就，图书音像市场、文化娱乐市场、文化旅游市场等稳步发展，文化服务业所占比重不断上升，产值不断扩大。文化产品多样、内容丰富，为广大人民的精神文化生活贡献了重要价值。但依然有很多不足，如文化产业发展仍不充分，文化资源丰富但开发不足、技术力量有待增强等。因此，一方面，企业应坚持在文化产品项目的选择、内容的要求中注重弘扬主旋律，使蕴含民族精神的优秀文化作品占领市场。另一方面，政府要利用经济手段来引导精神文化消费和精神文化产品生产，对于陶冶人们情操的、积极向上的发展型精神文化产品的生产，如文化教育、科技设施等，政府要从资金、信贷方面给予支持，从各方面共同为大学生创造良好的文化消费市场。

健康的文化消费行为依赖于有序的文化市场环境，文化市场只有拥有统一的管理模式和监督机制，才能彻底阻碍低俗腐朽文化的传播，不给消极文化产品进入文化市场的机会。优质的文化产品供给会对消费者形成精神熏陶，促进消费者品位的提高。大学生年纪轻，思想活跃，容易受到影响，他们是未来主流消费者的基础。因此政府部门有必要加大市场管理力度，出台有效的政策法规，以法律的形式完善文化市场的运行机制，创设健康有序的市场环境，引进积极向上的文化产品，做好文化产品的宣传，从源头上遏制扰乱文化市场秩序的行为。

（3）加强网络监管，营造良好的网络环境。首先，在校园网络环境方面，一方面由于网络的普及性、繁杂性和传播速度快等特点，校园网络安全显得尤为重要。目前各种自媒体形式多样，大学生能够随时随地发表观点，且观点能够以病毒营销的速度一夜爆红网络。这可能造成某些不成熟、不理性的信息被人引导或利用而造成舆论影响。网络评论者往往不需要实名，"水军"又常常出没在各大论坛社群，大学生容易被别有用心的人诱导，从而参与进网络舆情中。因此要加强网络监督，及时清除和关闭不良信息，保障校园网络环境的安全。另一方面网络文化产品良莠不齐，大学生趋向享受型消费，在精神文化产品的选择上，更多地会选择娱乐为主的网络文化。因此学校既要提升校园文化的宣传力度，净化校园网络环境，严惩网络违法行为，做好宣传工作，预防和治愈相结合，还要通过教育引导，积极开展诸如辩论赛、知识竞赛等活动适应大学生的精神需求，让大学生自觉抵制低级庸俗的文化产品。

其次，在社会消费环境方面，要加大校园文化建设投入，丰富校园文化市场。大学生尚未进入社会，大学是最后阶段，要使大学生适应社会，就需要建设校园文化，保持与社会的联系。有关部门应重视净化网络文化，努力构筑政治、经济、文化领域的过滤网。引导大学生网民增强社会责任意识和公德意识，自觉抵制有害信息和低俗之风，引导他们树立正确的世界观、人生观和价值观，培养积极向上的价值取向、昂扬的精神状态和高尚的道德情操，使互联网为大学生精神文化消费发挥更大的作用。

（4）学校要加强校园文化建设。校园文化包括物质的、精神的和制度的文化建设。校园文化要想发展得好，就必须将这三方面协调好，缺一不可。如果只注重校园物质建设，忽视精神和制度建设，就会使校园成为一个机器，呆板、缺乏活力；如果只注重精神建设，就会陷入空想主义，飘在云端，不接地气，因为精神建设需要物质建设为基础，制度建设为保障。精神文化建设是校园文化最基础的东西，因此要加强校园文化建设，以科学的理论武装人、以正确的舆论引导人、以高尚的情操塑造人、以优秀的作品鼓舞人。

首先，大学生拥有较多的业余时间，如何充分利用他们的闲暇时间关系到他们文化消费的效率和质量。学校要认识到充实大学生闲暇时间的重要性，了解大学生的兴趣、爱好和需要，建设相应的文化设施或提供相应的文化产品以便同学们利用，培养大学生的文化消费素养。

其次，学校在自身的教学质量和活动种类上也可以拓宽。我们知道大学生是精力充沛和好学好动的群体，他们之所以宁愿选择待在宿舍也不愿意去上课，一是自身的偷懒；二是因为这门课程的课堂无趣，缺乏活力和吸引力。所以学校可以适当地改变一下教学设计，活跃气氛，改变老师讲授、学生听讲的循规蹈矩的上课方式；另外，学校要加强与外界的沟通联系，特别是与其他学校的联系，学校可以组织联谊活动、校与校之间的运动比赛或知识竞赛。没有创新就没有进步，没有进步就没有未来，学校要创新，就要发展外联，组织国内甚至国际上有名的学者和教授来学校进行演讲或者开展讲座，开展理论研讨，让同学和老师都能够参与其中，在发挥自身积极性的同时，也能够让大家受益匪浅。

随着近年来学校不断改革和扩招，越来越多的学生能够迈入大学的门槛，进入这一神圣的殿堂，享受文化知识的洗礼。然而随之也出现了一些问题，导致校园文化消费产品的供应速度不及学校的扩招力度，加上改革开放过程中容易忽视对校园公共文化建设的投入，造成资源分配不均，人均拥有的公共文化消费数量比例下降，质量也得不到有效的保障。因此，学校要建设足够的教学楼，能够供应学生日常上课学习以及自习，并且要提供相应的设施来保证学习质量，比如多媒体、空调、完好的桌椅等；学校要建设好图书馆，收藏更多的书籍供同学们借阅，大力发展电子阅览室，更好的图书管理和更好的阅读环境会吸引更多的学生去读书；学校还可以组织更多的校园文化活动，如辩论赛、知识竞赛等，锻炼同学们的知识与人际交往技能。学校在做好自身的同时，也要加强防范，杜绝不良文化产品，适当取缔一些不益于发展的社团和活动，推进优秀活动的进行等，双管齐下，定能提高精神文化消费产品的质量。

（5）大学生个体要追求积极向上的文化消费。时代在发展，社会在进步，大学生也不能停滞不前。因此，针对大学生精神文化消费存在的问题，要尽快对大学生进行人文素质教育，加强大学生精神文化消费的教育引导，其根本途径是强化大学生的精神文化消费建设，引导大学生理性消费，端正消费态度，培养他们高品位的精神消费，提高人文素养，增进知识技能。

进入大学以后，大学生们由紧张的高中生活突然过渡为时间相对自由的高校生活，往往会觉得不知所措，容易迷茫和焦虑。在消费活动中，由于缺少了家长的监管，也缺乏相应的消费知识和消费经历，容易冲动购物、盲目消费、攀比消费，不但浪费了金钱，还可能迷失自己。如看见别的同学用最新苹果手机，自己没有那么多钱，不惜借债甚至变卖身体器官来购买；看到网络上各种贷款平台，收到许多贷款短信，就欠下网债过度消费。因此大学生自己要坚定信念，保持健康的消费心理，拥有正确的人生观和价值观，从而培养艰苦奋斗、勤俭节约的消费观念，从心理上充分认识到外在形象只是人个性化的一个方面，个人的价值要靠社会贡献才能体现。如做事情之前多从另一个角度思考，想想自己的现在和将来，努力做一个让父母放心的人、让朋友信赖的人、让社会承认的人、让自己将来不后悔的人，并且在现实生活中不断提高自身的鉴别能力，有效抵制各种错误消费观念及价值观念的侵蚀。

人们的精神文化消费观念都是在一定的指导思想和文化中形成的，大学生也不例外。如今我国处在社会主义的初级阶段，也处在经济全球化和多元文化并存的格局之中，更要以坚定的指导思想来武装自己，保证自己不受西方腐朽思想和封建主义思想的侵蚀。大学生心智尚不坚定，更需要有先进的文化消费观来指导。对待不同文化，要取其精华，去其糟粕，扬长避短，既要吸收先进文化，又要抵制不良文化，更要发展自己的先进文化。

大学校园是大学生生活和学习的重要场所，在为大学生提供舒适而方便的学习场所之外，也为他们提供了必要的课外活动场所，丰富同学们的精神世界。在闲暇的时候，大学生可以选择去图书馆，那里有种类繁多、一应俱全的书籍，也有阅览室，让同学们可以在阅读中提升自己、净化自己；在学习累了的时候，可以去操场打打篮球、跑跑步，在运动中锻炼自己、释放自己；在压力大的时候，可以三五成群地聚在一起，聊聊天，联络联络感情。学校为同学们提供可以利用的资源，但这是不够的，还需要大学生自己树立科学的精神文化消费观念，坚持以人为本，全面协调可持续。一要以人为本，注重精神文化消费的质量和数量，积极发展多元化的消费，满足不同需要。二要全面协调可持续发展，既要追求个人思想道德素质，还要追求科学文化素质和健康素质，三者要全面提高，使大学生形成正确的世界观、人生观和价值观，培养良好的自身综合素质。大学生既要追求精神文化消费的个性，又要与社会发展相适应，不可与社会脱节，又不可超越社会发展，做到不盲目、不攀比、不从众、理性消费。大学生必须认识到精神文化消费的可持续性，即精神文化消费既满足了当代人对文化消费的需求，也提升了能力和眼界，为满足后代人的文化需求创造了条件。大学生进行精神文化消费，要使眼前利益与长远利益结合起来。

在现代发展中，人不仅是"经济人"，更是"社会人"，社会应该以人的发展为中心，实现经济、政治、文化各项事业的协调发展。大学生精神文化消费是一个不断发展完善的体系，从消费投入到消费质量、从消费结构到消费方式，都会随着社会的发展而提高。

　　大学生精神文化消费体现了社会精神文明建设的发展程度，是社会进步和社会发展状况的标志。大学生的精神文化消费还会产生一定的经济效益和社会效益。因此，研究大学生的精神文化消费，了解现状，有利于学校及时完善服务体系，提供正确的价值指导。

附录 1

微信朋友圈自我呈现行为与消费者
购买意愿的关系调查

您好，诚挚地邀请您用 2~3 分钟参与本次问卷调查。本问卷采取匿名形式，只用于研究数据，您在填写时无须有任何顾虑。答案无对错之分，请按照您的真实想法填写，谢谢您的合作！

第一部分　当您在朋友圈看到这条自我呈现内容时，请您根据真实反应打分。

从 1 到 5 分别是非常不同意、不同意、一般、同意、非常同意。

1. 该自我呈现内容真实客观地描述了相关产品的特征

非常不同意　1　2　3　4　5　非常同意

2. 该自我呈现内容表达清晰，易于理解

非常不同意　1　2　3　4　5　非常同意

3. 该自我呈现内容生动有趣，具有吸引力

非常不同意　1　2　3　4　5　非常同意

4. 有图片展示的呈现内容更能吸引我的注意力

非常不同意　1　2　3　4　5　非常同意

5. 有图片或视频的自我呈现内容能让我直观地了解相关产品

非常不同意　1　2　3　4　5　非常同意

6. 有图片展示的呈现方式对我购买相关产品有帮助

非常不同意　1　2　3　4　5　非常同意

7. 我在朋友圈倾向于关注正面的商品自我呈现内容

非常不同意　1　2　3　4　5　非常同意

8. 正面的商品自我呈现内容对我影响更大

非常不同意　1　2　3　4　5　非常同意

9. 正面的商品自我呈现能让我产生共鸣

非常不同意　1　2　3　4　5　非常同意

10. 我在购买产品时对品牌口碑比较在意

非常不同意　1　2　3　4　5　非常同意

11. 品牌知名度高的自我呈现内容会吸引我去浏览

非常不同意　1　2　3　4　5　非常同意

12. 我认为知名度高的商品的自我呈现内容可信度更高

非常不同意　1　2　3　4　5　非常同意

如果这条朋友圈自我呈现内容是您的好朋友/好闺蜜发的，请回答下面三个问题：

13. 我愿意看这条朋友圈自我呈现内容

非常不同意　1　2　3　4　5　非常同意

14. 我认为好朋友/好闺蜜会在掌握相关产品的信息后向我推荐

非常不同意　1　2　3　4　5　非常同意

15. 我对好朋友/好闺蜜发布的有关商品的自我呈现内容信任程度很高

非常不同意　1　2　3　4　5　非常同意

如果这条自我呈现内容是朋友圈的一个陌生人发的，请回答问题 16、17、18：

16. 我愿意看这条朋友圈自我呈现内容

非常不同意　1　2　3　4　5　非常同意

17. 我认为这位陌生人会在掌握相关产品的信息后向我推荐

非常不同意　1　2　3　4　5　非常同意

18. 我对陌生人发布的有关商品的自我呈现内容信任程度很高

非常不同意　1　2　3　4　5　非常同意

19. 在朋友圈看完有关商品的自我呈现后，丰富了我对该产品的了解

非常不同意　1　2　3　4　5　非常同意

20. 在朋友圈看完有关商品的自我呈现后，对我做购买决策有帮助

非常不同意　1　2　3　4　5　非常同意

21. 在朋友圈看完有关商品的自我呈现后，能够减轻我在购买该产品时的担忧

非常不同意　1　2　3　4　5　非常同意

22. 浏览过相关商品的自我呈现内容后，我对该产品产生了兴趣

非常不同意　1　2　3　4　5　非常同意

23. 我以后在购买价位相似的同类产品时，会优先考虑该产品

非常不同意　1　2　3　4　5　非常同意

24. 在朋友想购买同类产品时，我愿意向他推荐该产品

非常不同意　1　2　3　4　5　非常同意

第二部分　您的微信使用状况

25. 您每天使用微信的时间为

A. 1 小时以内

B. 1~2 小时

C. 2~5 小时

D. 5 小时以上

26. 您发哪种类型的朋友圈状态比较多（选 1~3 项）

A. 社交类（活动、工作、聚会）

B. 生活类（旅行、美食、自拍、萌宠）

C. 资讯类（新闻、文章、学习软件分享）

D. 心情类（开心、难过、炫耀、求安慰）

E. 广告类（公司广告、推销产品）

27. 您的微信好友中哪种属性的人比较多（选 1~3 项）

A. 家人或亲戚

B. 朋友

C. 同事

D. 同学

E. 客户

28. 您在朋友圈看到他人分享的关于某种商品或服务的评价时，是什么样的态度

A. 感兴趣，看一下

B. 没有感觉，但也会看一下

C. 不感兴趣，但也会看一下

D. 不感兴趣，直接划过去

E. 觉得很烦，以后屏蔽这个人

第三部分　您的基本信息

29. 您的性别是

A. 男

B. 女

30. 您的年龄

A. 20 岁及以下

B. 21~25 岁

C. 26~30 岁

D. 31~35 岁

E. 36 岁及以上

31. 您每个月的生活费

A. 1000 元以下

B. 1001~2000 元

C. 2001~3000 元

D. 3001 元以上

本次问卷调查到此结束，感谢您的参与！

附录 2

大学生精神文化消费现状调查问卷

同学，你好！我们正在对大学生精神文化消费情况进行调查研究，通过此项调查及实际考察来分析研究大学生精神文化生活、丰富大学生精神文化生活以及为在校大学生创造一个良好的精神文化生活环境。希望你能将你的真实想法提供给我们，协助我们完成这份调查问卷，谢谢！［请在你认为适合的选项后面打"√"］

1. 你是一个喜欢在精神文化生活上投入的人吗？（　）
是……………01　　　　　　不是……………02

2. 你喜欢什么样的精神文化活动？（　）［多选］
运动……………01　　　　　　动漫……………02
阅读……………03　　　　　　音乐……………04
电影……………05　　　　　　网络……………06
其他……………07

3. 你的精神文化消费方式有哪些？（　）［多选］
知识类：如书籍、报刊等……………01
休闲类：如旅游、看电影等……………02
运动类：如健身等……………03
娱乐类：如影视、游戏等……………04
其他……………05

4. 你觉得是什么因素影响了你文化消费的选择？（　）［多选］
实用原则……………01　　　　　　流行指标……………02
价格高低……………03　　　　　　攀比心理……………04
其他……………05

5. 你一般进行精神文化消费的主要目的是（　　）［多选］

没目的，纯属消遣，打发时间……………………01

纯属个人兴趣爱好………………02

增加自己精神文化知识，提升自我价值…………03

缓解个人精神压力，放松心情……………………04

强身健体，促进身心健康………………05

其他………………06

6. 你有订阅图书或报刊的习惯吗？（　　）

经常………………01　　　　　　有时……………………02

很少………………03　　　　　　从不……………………04

7. 你去学校图书馆的频率为（　　）

一周三次以上………………01　　　　一周一次以上……………………02

一周一次以下………………03

8. 你个人的月平均消费为（　　）

500 元以下………………01　　　　500～1000 元……………………02

1000～1500 元………………03　　　1500 元以上……………………04

9. 你月平均消费用于精神消费的支出为（　　）

100 元以下………………01　　　　100～200 元……………………02

200～300 元………………03　　　　300 元以上……………………04

10. 月平均消费中的精神文化消费情况（请打"√"）：

	支出比			
	20%以下	20%～40%	40%～60%	60%以上
购买书籍、报纸杂志				
观看电影				
网络活动				

11. 你在精神文化方面消费的开支主要来源是（　　）

兼职所得………………01　　　　　家人给予……………………02

朋友支持………………03　　　　　其他渠道……………………04

12. 你们班上是否经常组织宿舍、班级之间的联谊活动或组织班级同学参加一些精神文化活动？（　　）

经常………………01　　　　　　很少………………02

从不………………03

13. 你每天上网时间为 （　）

0 小时……………………01　　　0~2 小时……………………02

2~4 小时……………………03　　　4~6 小时……………………04

6~8 小时……………………05　　　8 小时以上……………………06

14. 你上网的主要目的是什么？（　）

看新闻……………………01　　　聊天……………………02

看电影……………………03　　　玩游戏……………………04

浏览网站……………………05　　　其他……………………06

15. 你认为目前大学生的精神文化消费品位总体上 （　）

较高……………………01　　　一般……………………02

比较低……………………03

16. 你觉得目前大学生精神文化消费和物质消费是否平衡？（　）

是……………………01　　　否……………………02

17. 你觉得精神文化消费能否提升你的大学生活质量？（　）

能……………………01　　　不能……………………02

18. 你认为你的生活质量与精神文化消费是否有关系？（　）

很重要，离不开……………………01

比较重要……………………02

不重要，没什么影响……………………03

19. 请给目前大学生的精神文化消费在以下方面的情况打分：

	1	2	3	4	5
文化产品种类					
文化产品价格					
网络化程度					
市场化程度					
消费氛围					

20. 你认为文化消费的主要意义是 （　）

提升个人文化修养…………01　　　日后就业需要……………………02

发展个人爱好……………………03　　　其他……………………04

21. 你对学校在以下精神文化方面建设的满意度（从 1~5，数字越大，满意度越高）：

	1	2	3	4	5
健身设备					
文体活动					
民主建设					
文明建设					
思想政治教育					
图书借阅					
校园环境					

22. 你的性别是（　　）

男……………………01　　　　女……………………02

23. 你所在年级是（　　）

大一……………………01　　　　大二……………………02

大三……………………03　　　　大四……………………04

24. 你的家庭月收入在（　　）

1500 元以下……………………01　　　　1500~2500 元……………………02

2500~3500 元……………………03　　　　3500~4500 元……………………04

4500 元以上……………………05

25. 你的家庭所在地（　　）

城市……………………01　　　　乡镇……………………02

农村……………………03

参考文献

［1］Almalki M. , Gray K. , Martin－Sanchez F. Activitytheory as a theoretical framework for health self－quantification: A systematic review of empirical studies ［J］. Journal of Medical Internet Research, 2016, 18 (5): 131-148.

［2］Boyce C. J. , Brown G. D. A. , Moore S. C. Money and happiness rank of income, not income, affects life satisfaction ［J］. Psychological Science, 2012, 21 (4): 471-475.

［3］Chip Heath, Sue Ocurry. Mental accounting and consumer spending ［J］. Advances in Consumer Research, 1994 (21): 119.

［4］Christie A. M. , Barling J. Disentangling the indirect links between socioeconomic status and health: The dynamic roles of work stressors and personal control ［J］. Journal of Applied Psychology, 2009, 94 (6): 1466-1478.

［5］Crawford K. , Lingel J. , Karppi T. Our metrics, ourselves: A hundred years of self－tracking from the weight scale to the wristwearable device ［J］. European Journal of Cultural Studies, 2015, 18 (4-5): 479-496.

［6］Dijk E. T. K. , Westerink J. H. D. M, Beute F. , et al. Personal informatics, self－insight, and behavior change: A criticalreview of current literature ［J］. Human－Computer Interaction, 2017, 32 (5/6): 268-296.

［7］Diniz S. C. , Machado A. F. Analysis of the consumption of artistic－cultural goods and services in Brazil ［J］. Journal of Cultural Economics, 2011, 35 (1): 1-18.

［8］Dunn, Jennifer R. Schweitzer, Maurice E. Journal of personality and social psychology ［J］. Feeling and Believing: The Influence of Emotion on Trust, 2005 (88): 736-748.

［9］Etkin J. The hidden cost of personal quantification ［J］. Journal of Consumer Research, 2016, 42 (6): 967-984.

［10］Gefen D. , Karahanna E. , Straub D. W. Inexperience and experience with online stores: The importanceof TAM and trust ［J］. IEEE Transactions on Engineering Management, 2003, 50 (3): 307-321.

154

[11] Haferkam P. N., Eim ler S. C., Papadakis A. M., Kruck J. V. Men are from Mars, Women are from Venus? Exam ining gender differences in self-presentation on social networking sites [J]. Cyberpsychology, Behavior, and Social Networking, 2012, 15 (2): 91-98.

[12] Jeffrey Henderson, Pamela W., Peterson, Robert A. Mental accounting and categorization [J]. Organizational Behavior & Human Decision Processes, 1992, 51 (1): 92-117.

[13] Jin Xiaoling, Feng Huihui, Zhou Zhongyun. An empirical Study on healthcare information diffusion behavior in wechatmoments [J]. Journal of Management Science, 2017, 30 (1): 73-82.

[14] Sa, Hodge R. Factors influencing impulse buying during an online purchase [J]. Electronic Commerce Research, 2007, 7 (3-4): 367-379.

[15] Shaont. Self-tracking for health and the quantified self: Re-articulating autonomy, solidarity, and authenticity in anage of personalized healthcare [J]. Philosophy & Technology, 2017, 30 (1): 93-121.

[16] Shin D. H, Biocca F. Health experience model of personal informatics: The case of a quantifiedself [J]. Computers in Human Behavior, 2017 (69): 62-74.

[17] Kim J., Lee, J. E. R. The Facebook paths to happiness: Effects of the number of Facebook friends and self-presentation on subjective well-being [J]. Cyberpsychology, Behavior, and Social Networking, 2011, 14 (6): 359-364.

[18] Kraus M. W., et al. Social class, solipsism, and contextualism: How the rich are different from the poor [J]. Psychological Review, 2012, 119 (3): 546-572.

[19] Kraus M. W., Stephens N. M. A road map for an emerging psychology of social class [J]. Social and Personality Psychology Compass, 2012, 6 (9): 642-656.

[20] Liu D., Brown B. B. Self-disclosure on social networking sites, positive feedback, and social capital among Chinese college students [J]. Computers in Human Behavior, 2014, 38 (3): 213-219.

[21] Lupton D. Self-tracking modes: Reflexive self-monitoring and data practices [J]. SSRN Electronic Journal, 2014, 391 (1): 547-551.

[22] Mcmijlan S. J. The researchers and the concept: Moving beyond a blind examination of interactivity [J]. Journal of Interactive Advertising, 2005, 5 (1): 1-4.

[23] Moore P., Robinson A. The quantified self: What counts in the neoliberal workplace [J]. New Media & Society, 2016, 18 (11): 2774-2792.

[24] Pavlou P. A. Consumer acceptance of electronic commerce: Integrating trust and risk with the technology acceptance model [J]. International Journal of Electronic Commerce, 2003, 7 (7): 101-134.

[25] Piff P. K., Kraus M. W., Côté S., Cheng B. H., Keltner D. Having less, giving more: The influence of social class on prosocialbehavior [J]. Journal of Personality and Social Psychology, 2010, 99 (5): 771-784.

[26] Prelec D., Loewenstein G. The red and the black: Mental accounting of savings and debt [J]. Marketing Science, 1998, 17 (1): 4-28.

[27] Ran Kivetz, Advances in Research on Mental Accounting and Reason-Based Choice [J]. Marketing Letters, 1999, 10 (3): 249-266.

[28] Richard P. Coleman the continuing significance of social class to marketing [J]. Journal of Consumer Research, 1983 (12): 265-280.

[29] Pierre Martineau. Social classes and spending behavior [J]. The Journal of Marketing, 1958 (10): 121-130.

[30] Rick S., Cryder C., Loewenstein G. Tightwads and spendthrifts [J]. Journal of Consumer Research, 2008, 34 (6): 767-782.

[31] Robertsson L. Quantified self: An overview & the development of a universal tracking application [D]. Sweden: Department of Computing Science, Umea University, 2014.

[32] Ruckenstein M., Pantzar M. Beyond the quantified self: Thematic exploration of a dataistic paradigm [J]. New Media & Society, 2017, 19 (3): 401-418.

[33] Sharon T., Zandbergen D. From data fetishism to quantifying selves: Self-tracking practices and the other values of data [J]. New Media & Society, 2017, 19 (11): 1695-1709.

[34] Soman, Dilip, Gourville, John T., Transaction decoupling: How price bundling affects the decision to consume [J]. Journal of Marketing Research, 2001, 38 (1): 30-45.

[35] Thaler H. Mental accounting and consumer choice [J]. Marketing Science, 2008, 27 (1): 15-25.

[36] Thaler R. H., Johnson E. J. Gambling with thehouse money and trying to break even: The effects of prior outcomes on risky choice [J]. Management Science, 1990 (36): 643-660.

[37] Valkenburg P. M., Peter J., Schouten A. P. Friend networking sites, and

their relationship to adolescents' well-being and social self-esteem [J]. Cyber Psychology and Behavior, 2006, 9 (5): 584-590.

[38] Van Berkel N., Luo C., Ferreira D., et al. The curse of quantified-self: An endless quest for answers [A] //Adjunct proceedings of the 2015 ACM international joint conference on pervasive and ubiquitous computing [C]. Osaka: ACM, 2015: 973-978.

[39] Yang H. L., Lin C. L. Why do people stick to facebookweb site? A value theory-based view [J]. Information Technology & People, 2014, 27 (1): 21-37.

[40] 曹佳斌, 王珺. 为什么中国文娱消费偏低? 基于人口年龄结构的解释 [J]. 南方经济, 2019 (7): 3-19.

[41] 冯希亚. 在线产品评论对消费者购买意愿的影响: 基于感知有用性的中介作用 [D]. 南昌: 江西师范大学, 2017.

[42] 付孝泉. 不同心理账户对大学生非理性消费决策的影响及应对策略 [J]. 湖南科技学院学报, 2014, 3 (9): 86-88.

[43] 宫秀双, 徐磊, 李志兰, 卢健飞, 江林, 张雅丹. 参照群体影响类型与居民消费意愿的关系研究 [J]. 管理学报, 2017 (12): 1829-1840.

[44] 郝媛媛, 叶强, 李一军. 基于影评数据的在线评论有用性影响因素研究 [J]. 管理科学学报, 2010, 74 (8): 78-96.

[45] 洪涛, 毛中根. 文化消费的结构性与层次性: 一个提升路径 [J]. 改革, 2016 (1): 105-112.

[46] 贾培培, 张宇东, 李东进. 量化自我中的消费者行为改变促进: 基于质量功能展开的服务设计 [J]. 现代管理科学, 2019 (3): 63-67.

[47] 李爱梅. 心理账户与非理性经济决策行为的实证研究 [D]. 广州: 暨南大学, 2006.

[48] 李爱梅, 鹿凡凡. 心理账户的心理预算机制探讨 [J]. 统计与决策, 2014 (8): 50-53.

[49] 李爱梅, 郝玫, 李理, 凌文辁. 消费者决策分析的新视角: 双通道心理账户理论 [J]. 心理科学进展, 2012, 20 (11): 1709-1717.

[50] 李东进, 张宇东. 消费领域的量化自我: 研究述评与展望 [J]. 外国经济与管理, 2018 (1): 3-17.

[51] 李东进, 张宇东. 量化自我的效应及其对消费者参与行为的影响机制 [J]. 管理科学, 2018 (5): 112-135.

[52] 李光明, 徐冬柠. 文化消费对新市民主观幸福感的影响 [J]. 城市问题, 2019 (6): 4-13.

［53］李梦思，张洋，闫炳琪，余旻昊．我国城镇居民文化消费区域性差异分析——基于北京与西北部地区的比较［J］．中国传媒大学学报（自然科学版），2016（8）：27-36.

［54］廖俊峰．东西方文化价值差异下的冲动性购买研究［D］．广州：华南理工大学，2014.

［55］刘晓红．我国农村居民衣着消费需求实证分析［J］．学术交流，2012（5）：107-111.

［56］刘容．我国典型城市文化消费及相关政策研究［J］．城市经济与社会，2018（2）：44-48.

［57］刘涛．基于心理账户视角的大学生消费决策分析［J］．中国青年研究，2010（12）：93-96.

［58］刘伟．社会群体与不同社会群体消费者行为差异的分析［J］．甘肃农业，2004（6）：66.

［59］陆海霞．线上评论感知有用性对购买意愿和购买行为的影响研究［D］．长春：吉林大学，2016.

［60］陆学艺．当代中国社会群体的分化与流动［J］．江苏社会科学，2003（4）：1-9.

［61］欧翠珍．文化消费研究述评［J］．经济学家，2010（3）：15-19.

［62］石璐．在线评论的情感倾向对消费者购买意愿的影响：感知价值和感知有用性的中介作用［D］．济南：山东师范大学，2019.

［63］王琦，席丹，张晓航．支付方式与消费者购买决策——基于心理账户理论的分析［J］．商业研究，2017（10）：10-15.

［64］王丹丹．新疆大学生文化消费现状及对策探析［D］．乌鲁木齐：新疆大学，2010.

［65］魏颖．青年群体在微信使用中的自我呈现［J］．新闻研究导刊，2019，10（20）：68.

［66］肖锴，王梦灵．在线评论的感知有用性对在线消费者购买意愿的影响路径研究［J］．科技创业月刊，2016，29（9）：29-32.

［67］徐旭初，李艳艳．多重折叠的朋友圈自我呈现的文献检视［J］．杭州电子科技大学学报（社会科学版），2020，16（1）：52-58.

［68］薛鹏达，刘利峰，陈明．社交媒体自我呈现及其影响因素研究［D］．宁波：宁波大学，2017.

［69］张锡璐．微信朋友圈使用模式、自我呈现的社交诉求研究——基于社

会资本理论模型构想［J］. 新闻研究导刊，2019，10（2）：84.

　　［70］张新，马良，王高山. 朋友推荐对消费者购买意愿的影响：基于信任的中介作用［J］. 山东财经大学学报，2016，28（5）：83-91.

　　［71］张宇东，李东进，金慧贞. 安全风险感知、量化信息偏好与消费参与意愿：食品消费者决策逻辑解码［J］. 天津财经大学学报，2019（1）：86-99.

　　［72］周英姿. 供给侧背景下我国文化产品供给的发展方向研究［J］. 哈尔滨学院学报，2019（12）：30-35.

后 记

本书是河南省哲学社会科学规划项目"河南省文化消费的提升路径和对策建议"（2017CJJ084）和河南省高等学校重点科研项目"在线评论信息内容对网络消费者购买意愿的影响机制研究"（18A630006）的主要研究成果。本书的基本思想和观念，前后沉淀与积累了将近十年的时间。无数次学术理论和现实国情的反复碰撞，诞生了这样一本专著。

我从2010年开始关注消费问题，从文化消费总量偏低的成因，到文化消费结构不平衡的研究，再到近年来消费升级问题的思考。随着我国扶贫攻坚战取得全面胜利，第三次消费结构升级全面展开，教育、娱乐、文化、旅游等方面的消费增长加快，文化消费成为节假日和休闲时间中居民的热门选择项目。要解决当前中国人民日益增长的美好生活需要和不平衡不充分的发展之间的矛盾，文化消费不容忽视。要实现人民生活水平的提高、主观幸福感的加强，不仅要提高消费总量，还要重点关注消费质量。

本书以河南省本土数据为例，使用实证研究和定性研究相结合的方法，探讨了地区差异问题、城乡差异问题、个体消费意愿的前置因素和影响模型问题、文化消费体验的社群分享问题、消费群体问题等，这些问题是关于文化消费质量和结构的研究，是关于消费者满意度和幸福感的研究，是解决"优质产品不足型"供需矛盾的关键问题。随着人们生活水平的提高，我们应当探索更多的消费所能带来的正面效能，除了有利于经济发展，文化消费还能培养居民文化修养素质、艺术鉴赏能力，能缓解职业竞争产生的焦虑感和压力，能促进家庭和睦、邻里文明，能提高人类的主观幸福感，能推动社会和谐发展……

思绪万千，想说的唯有感谢。感谢我的老师江林教授，是她带领我参与了第一届文化消费指数的研究与发布工作，引导我关注文化消费问题；感谢河南财经政法大学的领导和同事们，感谢牛全保院长和市场营销的科研团队，在这几年的科研过程中，他们不断为我提出不同的思路和研究观点；感谢河南省社科规划办公室；感谢河南省教育厅；感谢相关领导对文化消费问题的重视和支持。

研究还将继续，同志仍需努力。

王苗苗
2020年10月